KB124759

필수 중학 영단어 1

교과서가
보이는
40일
완성

중1
핵심어휘
1000
단어

구성 및 특징

- **중학 영단어 1** 예비중학생~중1 수준에 적합한 어휘서로, 초등 필수 어휘 및 중1 교과서 어휘 1,000개 수록

- **중학 영단어 2** 중1~중2 수준에 적합한 어휘서로, 중2 교과서 어휘 1,000개 수록

- **중학 영단어 3** 중2~중3(예비고) 수준에 적합한 어휘서로, 중3 교과서 어휘 및 고교 필수 어휘 800개 수록

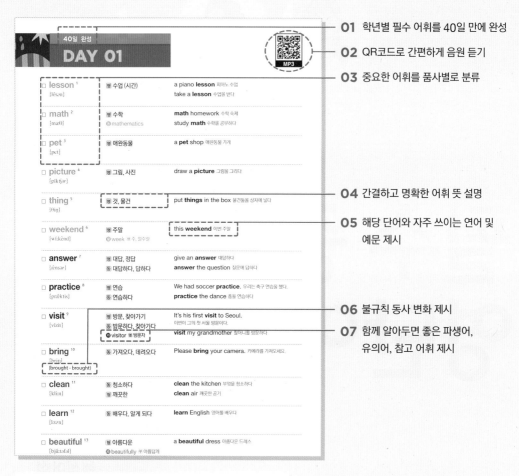

40일 완성
DAY 01

□ lesson¹ [lésən]	몡 수업 (시간)	a piano **lesson** 피아노 수업 take a **lesson** 수업을 받다
□ math² [mæθ]	몡 수학 ⊜ mathematics	**math** homework 수학 숙제 study **math** 수학을 공부하다
□ pet³ [pet]	몡 애완동물	a **pet** shop 애완동물 가게
□ picture⁴ [píktʃər]	몡 그림, 사진	draw a **picture** 그림을 그리다
□ thing⁵ [θiŋ]	몡 것, 물건	put **things** in the box 물건들을 상자에 넣다
□ weekend⁶ [wíːkènd]	몡 주말 ⊕ week 주, 일주일	this **weekend** 이번 주말
□ answer⁷ [ǽnsər]	몡 대답, 정답 통 대답하다, 답하다	give an **answer** 대답하다 **answer** the question 질문에 답하다
□ practice⁸ [prǽktis]	몡 연습 통 연습하다	We had soccer **practice**. 우리는 축구 연습을 했다. **practice** the dance 춤을 연습하다
□ visit⁹ [vízit]	몡 방문, 찾아가기 통 방문하다, 찾아가다 ⊕ visitor 몡 방문자	It's his first **visit** to Seoul. 이번이 그의 첫 서울 방문이다. **visit** my grandmother 할머니를 방문하다
□ bring¹⁰ [briŋ] (brought - brought)	통 가져오다, 데려오다	Please **bring** your camera. 카메라를 가져오세요.
□ clean¹¹ [kliːn]	통 청소하다 휑 깨끗한	**clean** the kitchen 부엌을 청소하다 **clean** air 깨끗한 공기
□ learn¹² [ləːrn]	통 배우다, 알게 되다	**learn** English 영어를 배우다
□ beautiful¹³ [bjúːtəfəl]	휑 아름다운 ⊕ beautifully 휫 아름답게	a **beautiful** dress 아름다운 드레스

Voca Up   합성어 만들기

2개의 단어가 합해져 새로운 단어인 합성어를 만들기도 한다.
Ex week(주, 일주일) + end(끝, 말) = weekend(주말)
hand(손) + bag(가방) = handbag(손가방)
book(책) + store(상점) = bookstore(서점)

---

01 학년별 필수 어휘를 40일 만에 완성

02 QR코드로 간편하게 음원 듣기

03 중요한 어휘를 품사별로 분류

04 간결하고 명확한 어휘 뜻 설명

05 해당 단어와 자주 쓰이는 연어 및 예문 제시

06 불규칙 동사 변화 제시

07 함께 알아두면 좋은 파생어, 유의어, 참고 어휘 제시

08 필수 접두사/접미사, 유의어의 의미 차이, broken English 등 어휘 실력을 한 단계 더 향상시킬 수 있는 다양한 추가 정보 제시

EXERCISE

정답 pp.170-175

A 빈칸에 알맞은 단어를 보기에서 골라 쓰세요. (형태 변경 가능)

math	usually	clean	favorite

1 This is my _____ book.

2 My brother likes English, but he doesn't like _____.

3 Did you _____ your room today?

4 They _____ go to dance class at 3 o'clock.

B 빈칸에 알맞은 말을 넣어 어구를 완성하세요.

1 _____ colors (다른 색깔)

2 a _____ trip (주말 여행)

3 get the right _____ (정답을 맞히다)

4 _____ the piano (피아노 연습을 하다)

5 look _____ the city (도시를 둘러보다)

C 다음 두 문장에 공통으로 들어갈 단어를 쓰세요.

1 Everyone needs _c_____ water.
Let's _c_____ the house.

2 We went to the zoo _l_____ week.
Sam took the _l_____ bus.

3 He goes to bed _e_____.
It gets cold in the _e_____ winter.

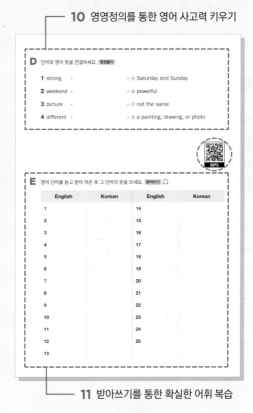

D 단어와 영어 뜻을 연결하세요. [영영풀이]

1 strong · · ⓐ Saturday and Sunday

2 weekend · · ⓑ powerful

3 picture · · ⓒ not the same

4 different · · ⓓ a painting, drawing, or photo

E 영어 단어를 듣고 받아 적은 후 그 단어의 뜻을 쓰세요. [받아쓰기] 🎧

	English	Korean		English	Korean
1			14		
2			15		
3			16		
4			17		
5			18		
6			19		
7			20		
8			21		
9			22		
10			23		
11			24		
12			25		
13					

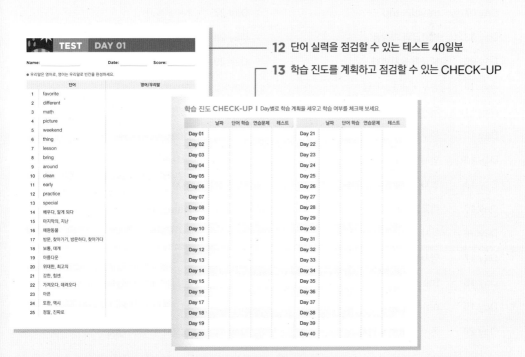

TEST   DAY 01

Name: _____ Date: _____ Score: _____

● 우리말은 영어로, 영어는 우리말로 빈칸을 완성하세요.

	단어	영어/우리말
1	favorite	
2	different	
3	math	
4	picture	
5	weekend	
6	thing	
7	lesson	
8	bring	
9	around	
10	clean	
11	early	
12	practice	
13	special	
14	배우다, 알게 되다	
15	마지막의, 지난	
16	애완동물	
17	방문, 찾아가기, 방문하다, 찾아가다	
18	보통, 대개	
19	아름다운	
20	위대한, 최고의	
21	강한, 힘센	
22	가져오다, 데려오다	
23	아픈	
24	또한, 역시	
25	정말, 진짜로	

학습 진도 CHECK-UP | Day별로 학습 계획을 세우고 학습 여부를 체크해 보세요.

	날짜	단어 학습	연습문제	테스트		날짜	단어 학습	연습문제	테스트
Day 01					Day 21				
Day 02					Day 22				
Day 03					Day 23				
Day 04					Day 24				
Day 05					Day 25				
Day 06					Day 26				
Day 07					Day 27				
Day 08					Day 28				
Day 09					Day 29				
Day 10					Day 30				
Day 11					Day 31				
Day 12					Day 32				
Day 13					Day 33				
Day 14					Day 34				
Day 15					Day 35				
Day 16					Day 36				
Day 17					Day 37				
Day 18					Day 38				
Day 19					Day 39				
Day 20					Day 40				

CONTENTS

VOCA UP

Day 01	합성어 만들기		Day 21	동사 read의 발음
Day 02	명사 + -ful = 형용사		Day 22	명사 + -ian = 사람
Day 03	형용사 + -ly = 부사		Day 23	명사 + -ly = 형용사
Day 04	명사 + -ly = 형용사		Day 24	동사 + -ing = 명사
Day 05	형용사 = 부사		Day 25	서술어로만 쓰이는 형용사
Day 06	동사 + -er = 사람		Day 26	동사 + -ance = 명사
Day 07	travel과 trip		Day 27	re- + 동사
Day 08	비교급과 최상급		Day 28	명사의 복수형 만들기
Day 09	불규칙 동사변화		Day 29	비교급/최상급 만들기
Day 10	명사 + -ist = 사람		Day 30	anymore
Day 11	국가명 + -ese = 사람, 언어		Day 31	재귀대명사
Day 12	복수로만 쓰는 명사		Day 32	deep과 deeply
Day 13	명사 + -al = 형용사		Day 33	불규칙 복수명사
Day 14	명사 + -ous = 형용사		Day 34	명사 + -ess
Day 15	비교급 만들기		Day 35	hard와 hardly
Day 16	동사 + -or = 사람		Day 36	kn의 발음
Day 17	명사 + -y = 형용사		Day 37	물질 명사 세는 법
Day 18	the + 형용사		Day 38	동사 + -ed = 형용사
Day 19	un- + 형용사		Day 39	비교급/최상급 불규칙 변화
Day 20	동사 + -ion = 명사		Day 40	형용사 + -th = 명사

권장 학습 방법과 학습 진도 CHECK-UP

권장 학습 방법

1. 먼저 그날 배울 어휘 25개를 훑어보고 모르는 단어에 표시하세요.
2. 이때 mp3를 이용해 단어의 발음도 함께 들으세요.
3. 각 단어와 뜻을 확인한 후 예문과 연어를 통해 쓰임을 익히세요.
4. 학습한 단어를 되도록 쓰면서 외우세요.
5. 연습문제로 확인한 후, Test로 최종 점검을 하세요.

학습 진도 CHECK-UP ┃ Day별로 학습 계획을 세우고 학습 여부를 체크해 보세요.

	날짜	단어 학습	연습문제	테스트		날짜	단어 학습	연습문제	테스트
Day 01					Day 21				
Day 02					Day 22				
Day 03					Day 23				
Day 04					Day 24				
Day 05					Day 25				
Day 06					Day 26				
Day 07					Day 27				
Day 08					Day 28				
Day 09					Day 29				
Day 10					Day 30				
Day 11					Day 31				
Day 12					Day 32				
Day 13					Day 33				
Day 14					Day 34				
Day 15					Day 35				
Day 16					Day 36				
Day 17					Day 37				
Day 18					Day 38				
Day 19					Day 39				
Day 20					Day 40				

품사

명사	명	사람, 장소, 사물의 이름 예) lesson 수업　pencil 연필　arm 팔
대명사	대	명사를 대신하여 쓰는 말 예) they 그(것)들　it 그것　you 너
동사	동	동작이나 상태 등을 나타내는 말 예) bring 가져오다　practice 연습하다　learn 배우다
형용사	형	상태, 성질, 모양, 크기, 수량을 나타내는 말 예) different 다른　big 큰　sick 아픈
부사	부	시간, 장소, 이유, 방법 등을 나타내는 말 예) early 일찍　together 함께　here 여기에
전치사	전	명사 앞에 쓰여 시간, 장소, 방향 등을 나타내는 말 예) in ~ 안에　to ~에게, ~로　with ~와 함께
접속사	접	단어와 단어, 문장과 문장을 이어주는 말 예) and 그리고　but 그러나　when ~할 때
감탄사	감	놀람, 충격 등의 감정을 표현하는 말

약호

파생어	파	해당 단어에서 파생된 말
유의어	유	해당 단어와 비슷하게 사용되는 말
반의어	반	해당 단어와 반대 뜻을 가진 말
참고	참	해당 단어와 관련하여 참고하면 좋은 표현
복수형	복	명사의 복수형
약어	약	명사를 줄여 쓰는 말

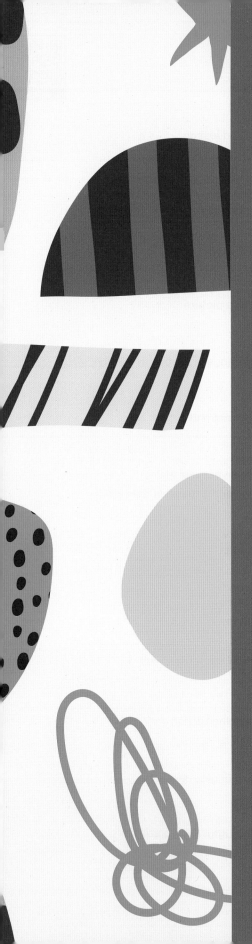

DAY
01-40

☐ **lesson** ¹ | 명 수업 (시간) | a piano **lesson** 피아노 수업
[lésən] | | take a **lesson** 수업을 받다

☐ **math** ² | 명 수학 | **math** homework 수학 숙제
[mæθ] | ✿ mathematics | study **math** 수학을 공부하다

☐ **pet** ³ | 명 애완동물 | a **pet** shop 애완동물 가게
[pet] | |

☐ **picture** ⁴ | 명 그림, 사진 | draw a **picture** 그림을 그리다
[píktʃər] | |

☐ **thing** ⁵ | 명 것, 물건 | put **things** in the box 물건들을 상자에 넣다
[θiŋ] | |

☐ **weekend** ⁶ | 명 주말 | this **weekend** 이번 주말
[wíːkènd] | ✿ week 명 주, 일주일 |

☐ **answer** ⁷ | 명 대답, 정답 | give an **answer** 대답하다
[ǽnsər] | 동 대답하다, 답하다 | **answer** the question 질문에 답하다

☐ **practice** ⁸ | 명 연습 | We had soccer **practice**. 우리는 축구 연습을 했다.
[præktis] | 동 연습하다 | **practice** the dance 춤을 연습하다

☐ **visit** ⁹ | 명 방문, 찾아가기 | It's his first **visit** to Seoul.
[vízit] | 동 방문하다, 찾아가다 | 이번이 그의 첫 서울 방문이다.
| ✪ visitor 명 방문자 | **visit** my grandmother 할머니를 방문하다

☐ **bring** ¹⁰ | 동 가져오다, 데려오다 | Please **bring** your camera. 카메라를 가져오세요.
[briŋ] | |
(brought - brought) | |

☐ **clean** ¹¹ | 동 청소하다 | **clean** the kitchen 부엌을 청소하다
[kliːn] | 형 깨끗한 | **clean** air 깨끗한 공기

☐ **learn** ¹² | 동 배우다, 알게 되다 | **learn** English 영어를 배우다
[ləːrn] | |

☐ **beautiful** ¹³ | 형 아름다운 | a **beautiful** dress 아름다운 드레스
[bjúːtəfəl] | ✪ beautifully 부 아름답게 |

□ **different** [14] [dífərənt]	형 다른, 다양한 파 differently 부 다르게	We are all **different**. 우리는 모두 다르다.
□ **favorite** [15] [féivərit]	형 좋아하는 명 좋아하는 사람[물건]	my **favorite** food 내가 가장 좋아하는 음식 Chocolate is my **favorite**. 초콜릿은 내가 가장 좋아하는 것이다.
□ **great** [16] [greit]	형 위대한, 최고의	a **great** hero 위대한 영웅
□ **last** [17] [læst]	형 마지막의 형 지난	the **last** train 마지막 기차 **last** week 지난주
□ **sick** [18] [sik]	형 아픈 숙 be sick of ~에 질리다	He was **sick** yesterday. 그는 어제 아팠다.
□ **special** [19] [spéʃəl]	형 특별한 명 특별한 것, 특별 요리	a **special** event 특별한 행사 today's **special** 오늘의 특별 요리
□ **strong** [20] [strɔ(ː)ŋ]	형 강한, 힘센 파 strength 명 힘, 강점	Tigers are **strong** animals. 호랑이는 강한 동물이다.
□ **also** [21] [ɔ́ːlsou]	부 또한, 역시	He's kind and **also** rich. 그는 친절하고 또한 부유하다.
□ **around** [22] [əráund]	부 빙 둘러, 여기저기 전 주위에	look **around** 둘러보다 **around** the park 공원 주위에
□ **early** [23] [ɔ́ːrli]	부 일찍 형 이른	wake up **early** 일찍 일어나다 **early** morning 이른 아침
□ **really** [24] [rí(ː)əli]	부 정말, 진짜로 파 real 형 진짜의, 실제의	a **really** good idea 정말 좋은 생각
□ **usually** [25] [júːʒuəli]	부 보통, 대개 파 usual 형 평상시의, 보통의	I **usually** go to school by bike. 나는 보통 자전거로 학교에 간다.

Voca Up	합성어 만들기

2개의 단어가 합해져 새로운 단어인 합성어를 만들기도 한다.

EX. week(주, 일주일) + end(끝, 말) = weekend(주말)

hand(손) + bag(가방) = handbag(손가방)

book(책) + store(상점) = bookstore(서점)

EXERCISE

정답 pp.170~175

A 빈칸에 알맞은 단어를 보기에서 골라 쓰세요. (형태 변경 가능)

| math | usually | clean | favorite |

1 This is my _____ book.

2 My brother likes English, but he doesn't like _____.

3 Did you _____ your room today?

4 They _____ go to dance class at 3 o'clock.

B 빈칸에 알맞은 말을 넣어 어구를 완성하세요.

1 _____ colors (다른 색깔)

2 a _____ trip (주말 여행)

3 get the right _____ (정답을 맞히다)

4 _____ the piano (피아노 연습을 하다)

5 look _____ the city (도시를 둘러보다)

C 다음 두 문장에 공통으로 들어갈 단어를 쓰세요.

1 Everyone needs c _____ water.

Let's c _____ the house.

2 We went to the zoo l _____ week.

Sam took the l _____ bus.

3 He goes to bed e _____.

It gets cold in the e _____ winter.

10

D 단어와 영어 뜻을 연결하세요. 영영풀이

1 strong   ·

  · ⓐ Saturday and Sunday

2 weekend ·

  · ⓑ powerful

3 picture   ·

  · ⓒ not the same

4 different ·

  · ⓓ a painting, drawing, or photo

E 영어 단어를 듣고 받아 적은 후 그 단어의 뜻을 쓰세요. 받아쓰기 🎧

English	Korean	English	Korean
1		14	
2		15	
3		16	
4		17	
5		18	
6		19	
7		20	
8		21	
9		22	
10		23	
11		24	
12		25	
13			

☐ **activity** 26 [æktívəti]	명 활동, 움직임 파 active 형 활동적인	my favorite **activity** 내가 가장 좋아하는 활동
☐ **head** 27 [hed]	명 머리, 고개 파 ahead 부 앞으로, 앞에	Touch your **head**. 머리를 만지세요.
☐ **library** 28 [láibrèri]	명 도서관 복 libraries	We read books in the **library**. 우리는 도서관에서 책을 읽는다.
☐ **pencil** 29 [pénsəl]	명 연필	write with a **pencil** 연필로 쓰다
☐ **question** 30 [kwéstʃən]	명 질문, 문제	ask a **question** 질문을 하다
☐ **soccer** 31 [sákər]	명 축구	play **soccer** 축구를 하다
☐ **story** 32 [stɔ́:ri]	명 이야기 복 stories	a bedtime **story** 잠자기 전에 들려주는 이야기 **stories** about happiness 행복에 대한 이야기들
☐ **theater** 33 [θí(:)ətər]	명 극장	go to the **theater** 극장에 가다
☐ **trip** 34 [trip]	명 여행	take a **trip** 여행하다
☐ **turn** 35 [tə:rn]	명 차례, 순서 동 돌다, 돌리다	It's your **turn** now. 이제 당신의 차례다. **turn** around 돌아서다
☐ **watch** 36 [watʃ]	명 (손목) 시계 동 보다, 지켜보다	a new **watch** 새 시계 **watch** TV 텔레비전을 보다
☐ **close** 37 동 [klouz] 형 [klous]	동 닫다, 덮다 형 가까운	**close** the door 문을 닫다 My school is very **close**. 나의 학교는 아주 가깝다.
☐ **meet** 38 [mi:t] (met - met)	동 만나다	Nice to **meet** you. 만나서 반갑습니다.

□ **need** 39 [niːd]	통 필요로 하다	**need** money 돈을 필요로 하다
□ **delicious** 40 [dilíʃəs]	형 맛있는, 맛 좋은	**delicious** food 맛있는 음식
□ **each** 41 [iːtʃ]	형 각각의, 각자의 대 각각, 각자	**Each** boy has a book. 각 소년이 책을 가지고 있다. **each** of the boys and girls 소년들과 소녀들 각자
□ **first** 42 [fəːrst]	형 처음의, 첫 번째의 부 처음으로, 맨 먼저	my **first** car 나의 첫 번째 자동차 She came in **first**. 그녀가 처음으로 들어왔다.
□ **hungry** 43 [hʌ́ŋgri]	형 배고픈 ⚎ hunger 명 배고픔, 굶주림	We were very **hungry**. 우리는 아주 배고팠다.
□ **second** 44 [sékənd]	형 두 번째의, 둘째의 명 (시간 단위) 초, 순간	He is my **second** son. 그는 내 둘째 아들이다. Wait a **second**. 잠깐만 기다리세요.
□ **smart** 45 [smɑːrt]	형 영리한, 똑똑한	a **smart** student 영리한 학생
□ **useful** 46 [júːsfəl]	형 유용한, 쓸모 있는 ⚎ usefully 부 유용하게	**useful** information 유용한 정보
□ **always** 47 [ɔ́ːlweiz]	부 항상, 언제나	You are **always** kind. 너는 항상 친절하다.
□ **often** 48 [ɔ́(ː)fən]	부 종종	They **often** call me. 그들은 종종 나에게 전화한다.
□ **still** 49 [stil]	부 아직, 여전히	I am **still** angry. 나는 여전히 화가 난다.
□ **before** 50 [bifɔ́ːr]	전 ~ 전에, ~ 앞에 ⚎ after 전 뒤에, 후에	**before** five o'clock 5시 전에

Voca Up　　　　　**명사 + -ful = 형용사**

명사에 접미사 -ful을 붙여서 형용사가 되기도 한다.
EX. use(사용, 용도) + ful(접미사) = useful(유용한, 쓸모 있는)
　　 help(도움) + ful = helpful(도움이 되는)
　　 power(힘) + ful = powerful(강력한)

EXERCISE

정답 pp.170~175

A 빈칸에 알맞은 단어를 보기에서 골라 쓰세요. (형태 변경 가능)

theater	watch	smart	need

1 Matt is a _____ boy.

2 We _____ water to live.

3 Mr. Wilson went to the _____ last weekend.

4 Do you _____ TV after 9 o'clock?

B 빈칸에 알맞은 말을 넣어 어구를 완성하세요.

1 a _____ machine (유용한 기계)

2 _____ pizza (맛있는 피자)

3 a club _____ (동아리 활동)

4 _____ of the students (학생들 각자)

5 read my favorite _____ (내가 가장 좋아하는 이야기를 읽다)

C 우리말을 참고하여 문장 속에 알맞은 단어를 써 넣으세요.

1 Please _____ your books. (책을 덮어주세요.)

2 Jason came in _____. (Jason이 두 번째로 들어왔다.)

3 I have a _____ about the trip. (나는 여행에 대해 질문이 하나 있다.)

4 Did she have a nice _____? (그녀는 즐거운 여행을 했나요?)

5 They _____ go to the library. (그들은 종종 도서관에 간다.)

D 단어와 영어 뜻을 연결하세요. 영영풀이

1 always ·   · ⓐ to see someone and talk

2 useful ·   · ⓑ wanting food

3 meet ·   · ⓒ helpful

4 hungry ·   · ⓓ all the time

E 영어 단어를 듣고 받아 적은 후 그 단어의 뜻을 쓰세요. 받아쓰기 🎧

English	Korean	English	Korean
1		14	
2		15	
3		16	
4		17	
5		18	
6		19	
7		20	
8		21	
9		22	
10		23	
11		24	
12		25	
13			

DAY 03

MP3

☐ **advice** ⁵¹
[ədváis]

명 조언, 충고
圓 advise 통 조언하다, 충고하다

good **advice** 좋은 충고

☐ **afternoon** ⁵²
[æ:ftərnú:n]

명 오후

tomorrow **afternoon** 내일 오후

☐ **dinner** ⁵³
[dínər]

명 저녁 (식사), 정식, 만찬

time for **dinner** 저녁 식사 시간

☐ **dish** ⁵⁴
[diʃ]

명 접시
명 요리

a **dish** of spaghetti 스파게티 한 접시
the main **dish** 주 요리, 메인 요리

☐ **England** ⁵⁵
[íŋglənd]

명 영국
圓 English 명 영어 형 영어의

He comes from **England**. 그는 영국 출신이다.

☐ **fun** ⁵⁶
[fʌn]

명 재미
형 재미있는

Let's have some **fun**. 재미있게 보내자.
a **fun** movie 재미있는 영화

☐ **guitar** ⁵⁷
[gitá:r]

명 기타

play the **guitar** 기타를 연주하다

☐ **problem** ⁵⁸
[prábləm]

명 문제, 문제점

a big **problem** 큰 문제

☐ **school** ⁵⁹
[sku:l]

명 학교
圈 schooling 명 학교 교육

go to **school** 학교에 다니다

☐ **science** ⁶⁰
[sáiəns]

명 과학
圓 scientist 명 과학자

a **science** teacher 과학 교사

☐ **exercise** ⁶¹
[éksərsàiz]

명 운동
통 운동하다

do **exercise** 운동을 하다
exercise every day 매일 운동하다

☐ **light** ⁶²
[lait]
(lit - lit)

명 빛, 불
통 불을 붙이다
형 가벼운

a bright **light** 밝은 빛
light a fire 불을 피우다
as **light** as air 공기처럼 가벼운

☐ **speak** ⁶³
[spi:k]
(spoke - spoken)

통 말하다

speak loudly 큰 소리로 말하다

□ **teach** [64] [tiːtʃ] (taught - taught)	图 가르치다	I **teach** math at school. 나는 학교에서 수학을 가르친다.
□ **wash** [65] [wɑʃ]	图 씻다	**wash** my hands 손을 씻다
□ **cute** [66] [kjuːt]	图 귀여운	a **cute** baby 귀여운 아기
□ **glad** [67] [glæd]	图 기쁜, 반가운 图 gladly 图 기쁘게, 기꺼이	**Glad** to meet you. 만나서 반가워요.
□ **pretty** [68] [príti] (prettier - prettiest)	图 예쁜 图 매우, 꽤	a **pretty** girl 예쁜 소녀 It is **pretty** easy. 그것은 매우 쉽다.
□ **strange** [69] [streindʒ]	图 이상한, 낯선	**strange** noises 이상한 소리
□ **wonderful** [70] [wʌ́ndərfəl]	图 아주 멋진, 훌륭한 图 wonderfully 图 놀랍도록	a **wonderful** time 아주 멋진 시간
□ **wrong** [71] [rɔ(ː)ŋ]	图 잘못된, 틀린 图 wrongly 图 잘못되게	a **wrong** answer 오답
□ **late** [72] [leit]	图 늦은, 지각한 图 늦게	I was **late** for school. 나는 학교에 늦었다. I got up **late**. 나는 늦게 일어났다.
□ **along** [73] [əlɔ́(ː)ŋ]	图 ~을 따라서 图 ~을 따라, ~을 끼고	walk **along** the river 강을 따라 걷다 a road **along** the river 강을 따라 있는 도로
□ **together** [74] [təɡéðər]	图 함께	have dinner **together** 함께 저녁 식사를 하다
□ **everything** [75] [évriθìŋ]	때 모든 것, 모두	You have **everything**. 당신은 모든 것을 가지고 있다.

Voca Up　　　　형용사 + -ly = 부사

형용사에 접미사 -ly를 붙여서 부사가 되기도 한다.
EX. wonderful(아주 멋진, 훌륭한) + ly(접미사) = wonderfully(아주 잘, 놀랍도록)
careful(조심하는) + ly = carefully(조심스럽게)
quick(빠른) + ly = quickly(빨리)

EXERCISE

정답 pp.170~175

A 빈칸에 알맞은 단어를 보기에서 골라 쓰세요. (형태 변경 가능)

| wash | cute | everything | together |

1 Money is not _____.

2 Let's have dinner _____.

3 Did you _____ your hands?

4 What a _____ puppy this is!

B 빈칸에 알맞은 말을 넣어 어구를 완성하세요.

1 _____ smells (이상한 냄새)

2 the _____ answers (틀린 답들)

3 my favorite _____ (내가 가장 좋아하는 요리)

4 run _____ the street (길을 따라 달리다)

5 very useful _____ (아주 유용한 조언)

C 문장에 맞게 밑줄 친 단어의 뜻을 쓰세요.

1 We have to <u>exercise</u> every day.

2 Can you <u>light</u> the candle?

3 I was <u>pretty</u> tired last night.

4 They will have a <u>fun</u> party tomorrow.

5 They are never <u>late</u> for the class.

D 단어와 영어 뜻을 연결하세요. 영영풀이

1 everything ·   · ⓐ not right

2 glad   ·   · ⓑ happy

3 afternoon ·   · ⓒ all things

4 wrong   ·   · ⓓ from lunchtime to dinnertime

E 영어 단어를 듣고 받아 적은 후 그 단어의 뜻을 쓰세요. 받아쓰기 🎧

English	Korean	English	Korean
1		14	
2		15	
3		16	
4		17	
5		18	
6		19	
7		20	
8		21	
9		22	
10		23	
11		24	
12		25	
13			

MP3

□ **animal** ⁷⁶
[ǽnəməl]
명 동물, 짐승
a wild **animal** 야생 동물

□ **birthday** ⁷⁷
[bə́:rθdèi]
명 생일
참 birth 명 출생, 탄생
a **birthday** cake 생일 케이크
Today is my **birthday**. 오늘은 내 생일이다.

□ **cell phone** ⁷⁸
[sel foun]
명 휴대 전화, 휴대폰
유 mobile phone
my new **cell phone** 나의 새 휴대 전화

□ **chair** ⁷⁹
[tʃɛər]
명 의자
Sit on the **chair**, please. 의자에 앉으세요.

□ **children** ⁸⁰
[tʃíldrən]
명 아이들, 어린이들
단 child 명 아이, 어린이
books for **children** 어린이들을 위한 책
Children's Day 어린이날

□ **contest** ⁸¹
[kántest]
명 대회, 경기
a cooking **contest** 요리 대회

□ **moment** ⁸²
[móumənt]
명 잠깐, 순간
참 for a moment 잠시 동안
wait a **moment** 잠깐 기다리다

□ **museum** ⁸³
[mju(:)zí(:)əm]
명 박물관, 미술관
a science **museum** 과학 박물관

□ **parent** ⁸⁴
[pέ(:)ərənt]
명 아버지나 어머니
참 patents 명 부모
(주로 복수로 씀)
My **parents** love me. 우리 부모님은 나를 사랑하신다.

□ **river** ⁸⁵
[rívər]
명 강, 강물
cross the **river** 강을 건너다

□ **snack** ⁸⁶
[snæk]
명 간식, 간단한 식사
time for a **snack** 간식 시간

□ **violin** ⁸⁷
[vàiəlín]
명 바이올린
play the **violin** 바이올린을 연주하다

□ **lie** ⁸⁸
[lai]
(lied - lied)
명 거짓말
동 거짓말하다
tell a **lie** 거짓말을 하다
Don't **lie** to me. 나에게 거짓말하지 마세요.

□ **rest** [89] [rest]	몡 휴식, 휴양 통 쉬다, 휴식하다	I need a **rest**. 나는 휴식이 필요하다. **rest** in bed 침대에서 쉬다
□ **go** [90] [gou] (went - gone)	통 가다, 다니다	**go** swimming 수영하러 가다
□ **put** [91] [put] (put - put)	통 놓다, 넣다	**Put** the bag on the table. 탁자 위에 가방을 놓으세요.
□ **save** [92] [seiv]	통 구하다 통 모으다, 저축하다	**save** my life 내 목숨을 구하다 **save** money 돈을 모으다
□ **wear** [93] [wɛər] (wore - worn)	통 입고[쓰고/끼고] 있다	**wear** glasses 안경을 끼고 있다
□ **angry** [94] [ǽŋgri]	혱 화난, 성난 凰 anger 몡 화, 분노	Don't be **angry**. 화 내지 마세요.
□ **careful** [95] [kɛ́ərfəl]	혱 조심하는, 주의 깊은 凰 carefully 凰 조심스럽게	Be **careful**. 조심하세요.
□ **famous** [96] [féiməs]	혱 유명한 凰 be famous for ~로 유명하다	a **famous** movie star 유명한 영화배우
□ **lovely** [97] [lʌ́vli]	혱 사랑스러운, 매력적인 凰 love 몡 사랑	She has **lovely** eyes. 그녀는 매력적인 눈을 가지고 있다.
□ **popular** [98] [pɑ́pjələr]	혱 인기 있는, 대중적인	a **popular** singer 인기 있는 가수
□ **sweet** [99] [swiːt]	혱 달콤한, 단 몡 단 것, 사탕	**sweet** ice cream 달콤한 아이스크림 a **sweet** shop 사탕[초콜릿] 가게
□ **warm** [100] [wɔːrm]	혱 따뜻한, 따스한 凰 warmly 凰 따뜻하게	**warm** clothes 따뜻한 옷

Voca Up	명사 + -ly = 형용사

명사에 접미사 -ly를 붙이면 형용사가 되기도 한다.
EX. love(사랑) + ly(접미사) = lovely(사랑스러운, 매력적인)
friend(친구) + ly = friendly(친절한, 상냥한)
time(시간) + ly = timely(시기 적절한)

EXERCISE

A 빈칸에 알맞은 단어를 보기에서 골라 쓰세요. (형태 변경 가능)

| famous | careful | cell phone | wear |

1 Be _____ with the dog.

2 Can I borrow your _____?

3 They didn't _____ warm coats.

4 Fred wants to be a _____ movie star.

B 빈칸에 알맞은 말을 넣어 어구를 완성하세요.

1 a history _____ (역사 박물관)

2 very _____ people (매우 화난 사람들)

3 my farm _____ (나의 농장 동물)

4 _____ the Earth (지구를 구하다)

5 _____ to the zoo (동물원에 가다)

C 우리말을 참고하여 문장 속에 알맞은 단어를 써 넣으세요.

1 It was a short _____. (짧은 순간이었다.)

2 What time did you have a _____? (몇 시에 간식을 먹었나요?)

3 I _____ some salt in it. (나는 그 안에 약간의 소금을 넣었다.)

4 Don't tell a _____. (거짓말하지 마세요.)

5 We like fresh and _____ fruits.
(우리는 신선하고 달콤한 과일을 좋아한다.)

D 단어와 영어 뜻을 연결하세요. 영영풀이

1 children ·   · ⓐ liked by many people

2 parent ·   · ⓑ boys and girls

3 wear ·   · ⓒ a mother or father

4 popular ·   · ⓓ to have clothes on

E 영어 단어를 듣고 받아 적은 후 그 단어의 뜻을 쓰세요. 받아쓰기 🎧

English	Korean	English	Korean
1		14	
2		15	
3		16	
4		17	
5		18	
6		19	
7		20	
8		21	
9		22	
10		23	
11		24	
12		25	
13			

MP3

□ **baseball** [101] [béisbɔ̀:l]	몡 야구, 야구공	play **baseball** 야구를 하다
□ **basketball** [102] [bǽskitbɔ̀:l]	몡 농구, 농구공	a **basketball** player 농구 선수
□ **beach** [103] [bi:tʃ]	몡 해변, 바닷가	a **beach** ball 물놀이용 공, 비치 볼
□ **bread** [104] [bred]	몡 빵	eat **bread** 빵을 먹다 **bread** and jam 잼 바른 빵
□ **cap** [105] [kæp]	몡 (앞에 챙이 달린) 모자	wear a **cap** 모자를 쓰다
□ **chicken** [106] [tʃíkin]	몡 닭 몡 닭고기	They keep **chickens.** 그들은 닭을 키운다. fried **chicken** 튀긴 닭고기
□ **clothes** [107] [klou(ð)z]	몡 옷, 의복 ⊕ clothing 몡 (특정한) 옷	change **clothes** 옷을 갈아입다
□ **elephant** [108] [éləfənt]	몡 코끼리	a big, gray **elephant** 큰 회색 코끼리
□ **race** [109] [reis]	몡 경주, 달리기	run a **race** 경주하다
□ **restaurant** [110] [réstərənt]	몡 식당, 레스토랑	a Korean **restaurant** 한국 식당
□ **ride** [111] [raid] (rode - ridden)	몡 타고 감, 타기 몡 타다, 몰다	give a **ride** 태워주다 **ride** a roller coaster 롤러코스터를 타다
□ **sleep** [112] [sli:p] (slept - slept)	몡 잠 몡 (잠을) 자다	winter **sleep** 겨울잠 go to **sleep** 잠을 자러 가다
□ **introduce** [113] [ìntrədú:s]	몡 소개하다	Let me **introdue** myself. 저를 소개할게요.

☐ **live** [114] 图[liv] 图[laiv]	图 살다, 생존하다 图 살아있는	The family **lives** in Seoul. 그 가족은 서울에서 산다. **live** animals 살아있는 동물들
☐ **raise** [115] [reiz]	图 들어올리다, 올리다	**raise** my hand 내 손을 들어올리다
☐ **think** [116] [θiŋk] (thought - thought)	图 생각하다, ~일 것 같다	**think** carefully 신중하게 생각하다
☐ **better** [117] [bétər] (good - better - best)	图 더 좋은[나은] 图 더 잘, 더 많이	a **better** place 더 좋은 장소 dance **better** 춤을 더 잘 추다
☐ **excited** [118] [iksáitid]	图 신이 난, 들뜬 ⓟ excite 图 흥분시키다	We were very **excited**. 우리는 아주 신이 났다.
☐ **expensive** [119] [ikspénsiv]	图 비싼, 돈이 많이 드는	an **expensive** restaurant 비싼 식당
☐ **fast** [120] [fæst]	图 빠른 图 빨리, 빠르게	a **fast** car 빠른 자동차 drive **fast** 빠르게 운전하다
☐ **funny** [121] [fʌ́ni] (funnier - funniest)	图 재미있는, 우스운 ⓟ fun 图 재미 图 재미있는	a **funny** story 재미있는 이야기
☐ **important** [122] [impɔ́ːrtənt]	图 중요한 ⓟ importance 图 중요성	an **important** meeting 중요한 회의
☐ **upset** [123] [ʌpsét]	图 속상한, 마음이 상한	Are you **upset**? 속상한가요? get **upset** 속상해하다
☐ **even** [124] [íːvən]	图 (예상 밖으로) ~도[조차]	We can swim **even** in winter. 우리는 겨울에도 수영할 수 있다.
☐ **tomorrow** [125] [təmɔ́ːrou]	图 내일 图 내일, 미래	It's Monday **tomorrow**. 내일은 월요일이다. **Tomorrow** is Monday. 내일은 월요일이다.

Voca Up	**형용사 = 부사**

fast와 같이 형용사와 부사의 형태가 같은 단어들이 있다.
EX. **high** buildings 높은 건물들 *vs.* jump **high** 높게 점프하다
　　early morning 이른 아침 *vs.* get up **early** 일찍 일어나다

25

EXERCISE

정답 pp.170~175

A 빈칸에 알맞은 단어를 보기에서 골라 쓰세요. (형태 변경 가능)

> think   tomorrow   expensive   baseball

1 This dress is not _____.

2 We played _____ together.

3 It will rain _____.

4 Did you _____ about the piano lesson?

B 빈칸에 알맞은 말을 넣어 어구를 완성하세요.

1 an _____ question (중요한 질문)

2 a _____ movie (재미있는 영화)

3 _____ a horse (말을 타다)

4 be _____ about the car (자동차 때문에 신이 나다)

5 _____ you to my family (당신을 우리 가족에게 소개하다)

C 다음 두 문장에 공통으로 들어갈 단어를 쓰세요.

1 My car is very __f_____.

　Can you run __f_____?

2 Let's go to __s_____ now.

　I feel good after a long __s_____.

3 They will find a __b_____ place.

　Chris sings __b_____ than me.

D 단어와 영어 뜻을 연결하세요. 영영풀이

1 clothes   •   • ⓐ happy or with lots of energy

2 live   •   • ⓑ things to wear

3 tomorrow •   • ⓒ the day after today

4 excited   •   • ⓓ to have life

MP3

E 영어 단어를 듣고 받아 적은 후 그 단어의 뜻을 쓰세요. 받아쓰기 🎧

	English	Korean		English	Korean
1			14		
2			15		
3			16		
4			17		
5			18		
6			19		
7			20		
8			21		
9			22		
10			23		
11			24		
12			25		
13					

□ **arm** 126
[ɑːrm]
몡 팔
팩 armful 몡 한 아름
my left **arm** 내 왼쪽 팔

□ **fruit** 127
[fruːt]
몡 과일
fresh **fruit** 신선한 과일

□ **group** 128
[gruːp]
몡 무리, 집단
a **group** of people 한 무리의 사람들

□ **history** 129
[hístəri]
몡 역사
팩 historic 혱 역사적인
팩 historical 혱 역사상의
history lessons 역사 수업

□ **meal** 130
[miːl]
몡 식사, 끼니
a delicious **meal** 맛있는 식사
have three **meals** a day 하루에 세 끼를 먹다

□ **partner** 131
[pɑ́ːrtnər]
몡 파트너, 동반자
a business **partner** 사업 파트너

□ **street** 132
[striːt]
몡 거리, 도로
on the **street** 거리에서

□ **table** 133
[téibl]
몡 탁자, 식탁
솝 at (the) table 식사 중
a large **table** 큰 탁자
set the **table** 식탁을 차리다

□ **teacher** 134
[tíːtʃər]
몡 교사, 선생
팩 teach 동 가르치다
a math **teacher** 수학 교사

□ **uncle** 135
[ʌ́ŋkl]
몡 삼촌, 고모부, 이모부
My **uncle** is in England. 우리 삼촌은 영국에 있다.

□ **vacation** 136
[veikéiʃən]
몡 방학, 휴가
a summer **vacation** 여름 방학

□ **camp** 137
[kæmp]
몡 야영지, 캠프
동 야영하다, 캠핑을 가다
솝 go camping 캠핑 가다
many tents in the **camp** 야영지에 있는 많은 텐트들
We will **camp** outside. 우리는 밖에서 야영할 것이다.

□ **face** 138
[feis]
몡 얼굴
동 직면하다, ~을 마주보다
wash my **face** 세수를 하다
face my problem 문제에 직면하다

□ **report** 139 [ripɔ́ːrt]	몡 보고서, 보고 똥 보고하다, 알리다	write a **report** 보고서를 작성하다 **report** to the boss 상사에게 보고하다
□ **taste** 140 [teist]	몡 맛, 입맛 똥 ~한 맛이 나다, 먹다 ⑪ tasty 휑 맛있는	a sweet **taste** 단 맛 It **tastes** sweet. 그것은 단 맛이 난다.
□ **believe** 141 [bilíːv]	똥 믿다, (사실로) 여기다 ⑪ belief 몡 믿음	hard to **believe** 믿기 어려운
□ **forget** 142 [fərgét] (forgot - forgotten)	똥 잊다, 잊어버리다	Don't **forget** my phone number. 내 전화번호를 잊지 마세요.
□ **sing** 143 [siŋ] (sang - sung)	똥 노래하다, 지저귀다	They **sing** very well. 그들은 노래를 아주 잘 한다.
□ **busy** 144 [bízi] (busier - busiest)	휑 바쁜 ⑧ be busy -ing ~하느라 바쁘다	a very **busy** man 아주 바쁜 사람
□ **kind** 145 [kaind]	휑 친절한, 상냥한 몡 종류, 유형	**kind** people 친절한 사람들 many **kinds** of books 많은 종류의 책들
□ **happy** 146 [hǽpi] (happier - happiest)	휑 행복한, 기쁜 ⑪ happiness 몡 행복	a **happy** smile 행복한 미소
□ **long** 147 [lɔ(ː)ŋ]	휑 (길이·거리가) 긴 ⑪ length 몡 길이	**long** hair 긴 머리
□ **sure** 148 [ʃuər]	휑 확신하는, 확실히 아는 ⑪ surely 뿐 확실히, 분명히	I am **sure** about it. 나는 그것에 대해 확신한다.
□ **between** 149 [bitwíːn]	젼 사이에, 중간에	**between** you and me 너와 나 사이에
□ **under** 150 [ʌ́ndər]	젼 ~ 아래에	**under** the bed 침대 아래에

Voca Up	동사 + -er = 사람

동사 뒤에 -er을 붙여서 '~하는 사람'을 나타내기도 한다.

EX. teach(가르치다) + er(접미사) = teacher(가르치는 사람, 교사, 선생)

sing(노래하다) + er = singer(가수)

write(글을 쓰다) + er = writer(작가)

EXERCISE

정답 pp.170~175

A 빈칸에 알맞은 단어를 보기에서 골라 쓰세요. (형태 변경 가능)

> busy   under   believe   report

1 I _____ that my partner is honest.

2 My mom is always _____.

3 Did you finish your _____?

4 What did you put _____ your bed?

B 빈칸에 알맞은 말을 넣어 어구를 완성하세요.

1 _____ the two chairs (두 개의 의자 사이에)

2 a very _____ teacher (아주 친절한 교사)

3 a _____ of students (한 무리의 학생들)

4 _____ in a happy voice (행복한 목소리로 노래하다)

5 take a long _____ (긴 휴가를 갖다)

C 우리말을 참고하여 문장 속에 알맞은 단어를 써 넣으세요.

1 We are _____ about it. (우리는 그것에 대해 확신한다.)

2 There are a lot of people in the _____.
(야영지에는 많은 사람들이 있다.)

3 She has a round _____. (그녀는 동그란 얼굴을 가지고 있다.)

4 Did you meet Eric on the _____? (당신은 거리에서 Eric을 만났나요?)

5 Don't _____ to close the door. (문 닫는 것을 잊지 마세요.)

D 단어와 영어 뜻을 연결하세요. 영영풀이

1 forget   ·

2 street   ·

3 teacher ·

4 busy   ·

· ⓐ a road

· ⓑ having a lot of things to do

· ⓒ to not remember

· ⓓ someone who teaches

E 영어 단어를 듣고 받아 적은 후 그 단어의 뜻을 쓰세요. 받아쓰기 🎧

English	Korean	English	Korean
1		14	
2		15	
3		16	
4		17	
5		18	
6		19	
7		20	
8		21	
9		22	
10		23	
11		24	
12		25	
13			

DAY 07

MP3

□ **aunt** [151] [ænt]	명 고모, 이모, 숙모	My **aunt** is very kind. 내 고모는 아주 친절하다.
□ **backpack** [152] [bǽkpæ̀k]	명 배낭	a heavy **backpack** 무거운 배낭
□ **class** [153] [klæs]	명 학급, 반, 수업	friends in my **class** 우리 반 친구들 in **class** 수업 중
□ **hat** [154] [hæt]	명 모자	put on a **hat** 모자를 쓰다
□ **lunch** [155] [lʌntʃ]	명 점심 (식사) 참 lunchtime 명 점심시간	have sandwiches for **lunch** 점심으로 샌드위치를 먹다
□ **member** [156] [mémbər]	명 구성원, 회원	a **member** of a team 팀의 구성원 a full **member** 정회원
□ **person** [157] [pə́ːrsən]	명 사람, 개인 참 in person 본인이 직접	What kind of **person** is he? 그는 어떤 부류의 사람인가요?
□ **piece** [158] [piːs]	명 한 부분, 한 조각	a **piece** of cake 케이크 한 조각 The puzzle has ten **pieces**. 그 퍼즐은 10조각짜리다.
□ **stick** [159] [stik]	명 막대기, 지팡이	a wooden **stick** 나무 막대기
□ **cook** [160] [kuk]	명 요리하는 사람, 요리사 동 요리하다, (밥을) 짓다	a good **cook** 좋은 요리사 **cook** dinner 저녁을 요리하다
□ **fall** [161] [fɔːl] (fell - fallen)	명 가을 동 떨어지다, 빠지다 참 fall down 넘어지다 fall into ~에 빠지다	**fall** weather 가을 날씨 **fall** off the building 건물에서 떨어지다
□ **show** [162] [ʃou]	명 쇼, 공연물, 프로그램 동 보여주다, 제시하다	go to a **show** 쇼를 보러 가다 **show** the ticket 표를 보여주다
□ **travel** [163] [trǽvəl]	명 여행, 출장 동 여행하다	**Travel** is fun. 여행은 재미있다. **travel** by bus 버스로 여행하다

☐ **leave** ¹⁶⁴ [liːv] (left - left)	통 떠나다, 출발하다	time to **leave** 떠날 시간
☐ **use** ¹⁶⁵ 명 [juːs] 통 [juːz]	통 쓰다, 사용[이용]하다	**use** the phone 전화를 이용하다
☐ **worry** ¹⁶⁶ [wə́ːri] (worried - worried)	통 걱정하다	Don't **worry** about it. 그것에 대해 걱정하지 마세요.
☐ **interesting** ¹⁶⁷ [íntərəstiŋ]	형 재미있는, 흥미로운 웹 interest 명 흥미, 관심	an **interesting** book 재미있는 책
☐ **loud** ¹⁶⁸ [laud]	형 (소리가) 큰, 시끄러운 웹 loudly 부 큰 소리로	**loud** music 시끄러운 음악
☐ **other** ¹⁶⁹ [ʌ́ðər]	형 (그 밖의) 다른 대 다른 사람[것]	the **other** side 다른 쪽, 반대 쪽 The **others** will come later. 다른 사람들은 나중에 올 것이다.
☐ **same** ¹⁷⁰ [seim]	형 (똑)같은, 동일한	go to the **same** school 같은 학교에 다니다
☐ **sunny** ¹⁷¹ [sʌ́ni]	형 화창한 웹 sun 명 태양	a **sunny** day 화창한 날
☐ **tired** ¹⁷² [taiərd]	형 피곤한, 지친 웹 tire 통 피곤하게 하다	I am **tired**. 나는 피곤하다.
☐ **traditional** ¹⁷³ [trədíʃənəl]	형 전통의, 전통을 따르는 웹 tradition 명 전통 웹 traditionally 부 전통적으로	**traditional** music 전통 음악
☐ **finally** ¹⁷⁴ [fáinəli]	부 마침내, 마지막으로 웹 final 형 마지막의, 최종적인	**Finally**, we finished our homework. 마침내 우리는 숙제를 끝냈다.
☐ **straight** ¹⁷⁵ [stréit]	부 똑바로, 곧바로 형 곧은, 똑바른	Go **straight**. 똑바로 가세요. a **straight** line 곧은 선, 직선

Voca Up	travel과 trip

travel은 '여행' 자체가 목적인 여행으로, 주로 장거리로 여행을 하거나 장기간의 여행을 뜻한다. trip은 특정한 목적이 있는 짧은 여행을 뜻한다.

EX. travel the world 세계를 여행하다

a day trip 일일 여행

EXERCISE

정답 pp.170~175

A 빈칸에 알맞은 단어를 보기에서 골라 쓰세요. (형태 변경 가능)

> tired   show   lunch   use

1 We usually have _____ at noon.

2 They were very _____ last night.

3 Can I _____ your computer?

4 Please _____ me your ticket.

B 빈칸에 알맞은 말을 넣어 어구를 완성하세요.

1 a new _____ (신규 회원)

2 Korean _____ dance (한국 전통 무용)

3 _____ about health (건강을 걱정하다)

4 the _____ side of the river (강의 다른 쪽)

5 speak in a _____ voice (큰 목소리로 이야기하다)

C 다음 두 문장에 공통으로 들어갈 단어를 쓰세요.

1 My father is a good _c_____.

My sister helps me _c_____ chicken.

2 It is _f_____ after summer.

Willy didn't _f_____ into the river.

3 Please sit _s_____ on your chair.

How can you draw a _s_____ line?

D 단어와 영어 뜻을 연결하세요. 영영풀이

1 leave   ·   · ⓐ a part of something

2 fall   ·   · ⓑ a man, woman, or child

3 person ·   · ⓒ to go away

4 piece ·   · ⓓ to go down

E 영어 단어를 듣고 받아 적은 후 그 단어의 뜻을 쓰세요. 받아쓰기 🎧

English	Korean	English	Korean
1		14	
2		15	
3		16	
4		17	
5		18	
6		19	
7		20	
8		21	
9		22	
10		23	
11		24	
12		25	
13			

MP3

□ **breakfast** 176
[brékfəst]
명 아침 식사
have **breakfast** 아침 식사를 먹다

□ **country** 177
[kʌ́ntri]
명 국가, 나라
명 시골
복 countries
a foreign **country** 외국
live in the **country** 시골에 살다

□ **festival** 178
[féstəvəl]
명 축제
파 festive 형 축제의
a music **festival** 음악 축제

□ **grade** 179
[greid]
명 성적, 학점
명 학년
a good **grade** 좋은 성적
What **grade** is he in? 그는 몇 학년인가요?

□ **homework** 180
[hóumwə̀ːrk]
명 숙제, 과제
참 housework 명 집안일
do my **homework** 숙제를 하다

□ **minute** 181
[mínit]
명 (시간 단위의) 분
명 잠깐, 순간
for ten **minutes** 10분 동안
for a **minute** 잠시

□ **paper** 182
[péipər]
명 종이, 신문
write on the **paper** 종이에 쓰다

□ **subject** 183
[sʌ́bdʒikt]
명 과목, 주제
my favorite **subject** 내가 가장 좋아하는 과목

□ **vegetable** 184
[védʒtəbl]
명 야채, 채소
vegetable soup 야채 수프

□ **winter** 185
[wíntər]
명 겨울
a **winter** coat 겨울 외투
last **winter** 작년 겨울

□ **drink** 186
[driŋk]
(drank - drank)
명 음료, 마실 것, 한 잔
동 (음료를) 마시다
food and **drink** 음식물
We **drink** tea every day. 우리는 매일 차를 마신다.

□ **fly** 187
[flai]
(flew - flown)
명 파리
동 날다, 비행하다
A **fly** is dirty. 파리는 지저분하다.
Most birds can **fly**. 대부분의 새는 날 수 있다.

□ **place** 188
[pleis]
명 장소, 곳
동 놓다, 설치하다
my favorite **place** 내가 가장 좋아하는 장소
place my hands on my knees
손을 무릎 위에 놓다

☐ **plant** ¹⁸⁹ [plænt]	명 식물, 초목 동 (나무·씨앗 등을) 심다	garden **plants** 정원 식물 **plant** a tree 나무를 심다
☐ **present** ¹⁹⁰ 명 [préznt] 동 [prizént]	명 선물 동 증정하다, 주다	a Christmas **present** 크리스마스 선물 **present** an award 상을 주다
☐ **choose** ¹⁹¹ [tʃuːz] (chose - chosen)	동 선택하다, 고르다 파 choice 명 선택	**choose** a restaurant 식당을 선택하다
☐ **drive** ¹⁹² [draiv] (drove - driven)	동 (차량을) 몰다, 운전하다 파 driver 명 운전자, 기사	**drive** a taxi 택시를 운전하다
☐ **both** ¹⁹³ [bouθ]	형 둘 다의, 양쪽의 대 둘 다, 양쪽 다	We use **both** hands. 우리는 양손을 사용한다. **Both** of you are my friends. 너희 둘 다 내 친구들이다.
☐ **fine** ¹⁹⁴ [fain]	형 좋은, 건강한	The weather looks **fine**. 날씨가 좋아 보인다.
☐ **friendly** ¹⁹⁵ [fréndli] (friendlier - friendliest)	형 친절한, 다정한, 상냥한	a **friendly** smile 다정한 미소
☐ **full** ¹⁹⁶ [ful]	형 가득한, 빈 공간이 없는 형 배부르게 먹은	The bag is **full** of books. 그 가방은 책으로 가득하다. I am **full** now. 이제 배불러요.
☐ **heavy** ¹⁹⁷ [hévi] (heavier - heaviest)	형 무거운, (양·정도가) 많은 파 heavily 부 아주 많이	a **heavy** bag 무거운 가방
☐ **many** ¹⁹⁸ [méni] (more - most)	형 많은, 다수의	**Many** people came to my house. 많은 사람들이 우리 집에 왔다.
☐ **because** ¹⁹⁹ [bikɔ́(ː)z]	접 ~ 때문에, ~해서	We are happy **because** you are safe. 네가 안전해서 우리는 기쁘다.
☐ **however** ²⁰⁰ [hauévər]	접 하지만, 그러나	I was sad. **However**, I didn't cry. 나는 슬펐다. 하지만 울지 않았다.

Voca Up	비교급과 최상급

형용사의 비교급과 최상급을 만들 때는 원급 뒤에 -er/-est를 붙인다. 그러나 형용사가 y로 끝나면, y를 i로 고치고
-er/-est를 붙인다.

EX. heavy - heavier - heaviest (무거운 - 더 무거운 - 가장 무거운)
easy - easier - easiest (쉬운 - 더 쉬운 - 가장 쉬운)

EXERCISE

정답 pp.170~175

A 빈칸에 알맞은 단어를 보기에서 골라 쓰세요. (형태 변경 가능)

> full   both   fly   grade

1 Penguins cannot _____.

2 His house is _____ of toys.

3 Did you get a good _____?

4 _____ of David and Kate will come.

B 빈칸에 알맞은 말을 넣어 어구를 완성하세요.

1 a birthday _____ (생일 선물)

2 a very _____ smile (아주 상냥한 미소)

3 _____ water and juice (물과 주스를 마시다)

4 find a better _____ (더 좋은 장소를 발견하다)

5 _____ red flowers (빨간색 꽃을 심다)

C 우리말을 참고하여 문장 속에 알맞은 단어를 써 넣으세요.

1 It is very cold in _____. (겨울에는 아주 춥다.)

2 He did his science _____. (그는 과학 숙제를 했다.)

3 They chose a _____ box. (그들은 무거운 상자를 골랐다.)

4 _____ children like the festival. (많은 아이들이 그 축제를 좋아한다.)

5 I am sick. _____ I will go to school.
(나는 아프다. 하지만 학교에 갈 것이다.)

D 단어와 영어 뜻을 연결하세요. 영영풀이

1 fine   ·   · ⓐ a gift

2 breakfast ·   · ⓑ good or healthy

3 present   ·   · ⓒ a morning meal

4 minute   ·   · ⓓ sixty seconds

E 영어 단어를 듣고 받아 적은 후 그 단어의 뜻을 쓰세요. 받아쓰기 🎧

English	Korean	English	Korean
1		14	
2		15	
3		16	
4		17	
5		18	
6		19	
7		20	
8		21	
9		22	
10		23	
11		24	
12		25	
13			

☐ **leg** 201 [leg]	몡 다리	His **legs** are very long. 그의 다리는 아주 길다. a chair **leg** 의자 다리
☐ **movie** 202 [múːvi]	몡 영화 ⊕film 몡 영화	watch a **movie** 영화를 보다
☐ **sister** 203 [sístər]	몡 언니, 누나, 여동생	my little **sister** 내 여동생
☐ **summer** 204 [sʌ́mər]	몡 여름	a **summer** dress 여름 원피스
☐ **ticket** 205 [tíkit]	몡 표, 입장권 ⊗ticketing 몡 매표	buy a **ticket** 표를 사다
☐ **tooth** 206 [tuːθ]	몡 이, 치아, 이빨 ⊜teeth	lose a **tooth** 이가 빠지다
☐ **change** 207 [tʃeindʒ]	몡 변화, 변경 동 바꾸다, 갈아입다	a big **change** 큰 변화 **change** clothes 옷을 갈아입다
☐ **laugh** 208 [læf]	몡 웃음, 웃음소리 동 (소리 내어) 웃다 ⓐlaugh at ~을 비웃다, ~을 놀리다	a loud **laugh** 시끄러운 웃음 **laugh** loudly 큰 소리로 웃다
☐ **smell** 209 [smel]	몡 냄새, 향 동 냄새를 맡다, 냄새가 나다	a sweet **smell** 달콤한 냄새 **smell** flowers 꽃 냄새를 맡다
☐ **swim** 210 [swim] (swam - swum)	몡 수영 동 수영하다, 헤엄치다	go for a **swim** 수영하러 가다 **swim** in the river 강에서 수영하다
☐ **hurt** 211 [həːrt] (hurt - hurt)	동 아프다 동 ~을 다치다	My eyes **hurt**. 눈이 아프다. I **hurt** my leg. 나는 다리를 다쳤다.
☐ **mean** 212 [miːn] (meant - meant)	동 뜻하다, 의미하다 혱 비열한, 인색한	What do you **mean**? 무슨 뜻인가요? a **mean** person 비열한 사람
☐ **remember** 213 [rimémbər]	동 기억하다, 기억나다	Do you **remember** me? 나를 기억하나요?

☐ **stay** ²¹⁴ [stei]	통 머물다, 계속 그대로 있다		**stay** in a hotel 호텔에 머물다
☐ **amazing** ²¹⁵ [əméiziŋ]	형 놀라운, 대단한 튄 amazingly 분 놀랍게도		My sister is an **amazing** singer. 우리 누나는 대단한 가수다.
☐ **fresh** ²¹⁶ [freʃ]	형 신선한, 생생한		**fresh** fruit and vegetables 신선한 과일과 야채
☐ **lost** ²¹⁷ [lɔ(ː)st]	형 길을 잃은, 잃어버린 튄 lose 통 잃어버리다		We were **lost** in the city. 우리는 도시에서 길을 잃었다.
☐ **ready** ²¹⁸ [rédi]	형 준비가 된 숙 get ready for ~에 대비하다		I am **ready** to go. 나는 갈 준비가 되었다.
☐ **again** ²¹⁹ [əgén]	분 한 번 더, 다시		Try **again**. 한 번 더 시도해 보세요.
☐ **almost** ²²⁰ [ɔ́ːlmoust]	분 거의 유 nearly 분 거의		It's **almost** seven o'clock. 거의 7시다.
☐ **already** ²²¹ [ɔːlrédi]	분 이미, 벌써		He has **already** left. 그는 이미 떠났다.
☐ **maybe** ²²² [méibiː]	분 어쩌면, 아마 유 perhaps 분 어쩌면		**Maybe** he will come today. 아마 그는 오늘 올 것이다.
☐ **quite** ²²³ [kwait]	분 꽤, 상당히		I was **quite** happy. 나는 상당히 기뻤다.
☐ **anything** ²²⁴ [éniθiŋ]	대 무엇, 무엇이든 대 (부정문에서) 아무것		**anything** else 그 밖에 다른 무언가 They don't eat **anything**. 그들은 아무것도 먹지 않는다.
☐ **everyone** ²²⁵ [évriwʌ̀n]	대 모든 사람, 모두		**everyone** in my class 우리 반의 모두

Voca Up	불규칙 동사변화

동사의 과거형과 과거분사는 동사원형에서 형태가 바뀌지만, 형태가 바뀌지 않는 경우도 있다. 이런 단어는 문맥에
따라 시제에 맞추어 해석한다.

EX. hurt – hurt – hurt

〈현재〉My leg hurts. (다리가 아프다.)　　〈과거〉My leg hurt. (다리가 아팠다.)

EXERCISE

정답 pp.170~175

A 빈칸에 알맞은 단어를 보기에서 골라 쓰세요. (형태 변경 가능)

> remember   almost   anything   ready

1 Sally couldn't _____ my name.

2 We read books _____ every day.

3 Are you _____ to go now?

4 Do you want _____ else to drink?

B 빈칸에 알맞은 말을 넣어 어구를 완성하세요.

1 a _____ theater (영화 극장)

2 _____ in an old hotel (낡은 호텔에 머물다)

3 an _____ miracle (놀라운 기적)

4 _____ at the short boy (키가 작은 소년을 비웃다)

5 get _____ in the park (공원에서 길을 잃다)

C 다음 두 문장에 공통으로 들어갈 단어를 쓰세요.

1 A strong __s_____ is coming from the kitchen.

I can't __s_____ the flowers.

2 He is a __m_____ person.

We know what you __m_____.

3 Jack doesn't like any __c_____.

Did you __c_____ your clothes?

D 단어와 영어 뜻을 연결하세요. 영영풀이

1 summer ·　　　　　· ⓐ every person

2 everyone ·　　　　　· ⓑ one more time

3 hurt ·　　　　　· ⓒ season between spring and fall

4 again ·　　　　　· ⓓ to have or make pain

E 영어 단어를 듣고 받아 적은 후 그 단어의 뜻을 쓰세요. 받아쓰기 🎧

English	Korean	English	Korean
1		14	
2		15	
3		16	
4		17	
5		18	
6		19	
7		20	
8		21	
9		22	
10		23	
11		24	
12		25	
13			

40일 완성

DAY 10

☐ **case** 226
[keis]
명 경우, 사례
명 용기, 상자

in my **case** 내 경우에
Put the paper in the **case**. 종이를 상자에 넣어라.

☐ **dessert** 227
[dizə́:rt]
명 후식, 디저트

my favorite **dessert** 내가 가장 좋아하는 후식

☐ **picnic** 228
[píknik]
명 소풍, 피크닉

go on a **picnic** 소풍을 가다

☐ **Saturday** 229
[sǽtərdei]
명 토요일

on **Saturdays** 토요일마다

☐ **scientist** 230
[sáiəntist]
명 과학자
파 science 명 과학

a great **scientist** 위대한 과학자

☐ **sport** 231
[spɔ:rt]
명 스포츠, 운동, 경기
파 sporty 형 운동을 좋아하는

play a **sport** 운동을 하다

☐ **town** 232
[taun]
명 소도시
명 시내

live in a **town** 소도시에 살다
on my way to **town** 시내로 가는 길에

☐ **trash** 233
[træʃ]
명 쓰레기, 쓰레기 같은 것
유 garbage 명 쓰레기

full of **trash** 쓰레기로 가득한

☐ **window** 234
[wíndou]
명 창문

Look out the **window**. 창 밖을 내다보세요.

☐ **brush** 235
[brʌʃ]
명 붓, 솔
동 솔질을 하다, 바르다

use a **brush** 붓을 사용하다
brush my teeth 양치질을 하다

☐ **fight** 236
[fait]
(fought - fought)
명 싸움
동 싸우다

have a **fight** 싸움을 하다
Did you **fight** with your brother? 네 형과 싸웠니?

☐ **smile** 237
[smail]
명 (소리 없는) 웃음, 미소
동 (소리 내지 않고) 웃다,
미소 짓다

a bright **smile** 환한 미소
smile happily 행복하게 미소 짓다

☐ **stand** 238
[stænd]
명 가판대, ~용 스탠드
동 서다, 서 있다, 일어서다

a newspaper **stand** 신문 가판대
stand up straight 똑바로 서다

☐ **try** [239] [trai] (tried - tried)	몡 시도 통 노력하다, 애를 쓰다	give it a **try** 시도해 보다 **try** harder 더 열심히 노력하다
☐ **wait** [240] [weit]	몡 기다림, 기다리는 시간 통 기다리다	a long **wait** 긴 기다림 **wait** for dinner 저녁 식사를 기다리다
☐ **borrow** [241] [bárou]	통 빌리다	Can I **borrow** your pen? 당신의 펜을 빌려도 될까요?
☐ **hold** [242] [hould] (held - held)	통 잡고[들고] 있다 🅟 holder 몡 소유자	**hold** the bat tightly 방망이를 꽉 잡다
☐ **own** [243] [oun]	통 소유하다 혱 자신의, 직접 ~한 🅟 owner 몡 주인, 소유자	I **own** a small shop. 나는 작은 가게를 소유하고 있다. my **own** food 나 자신의 음식
☐ **cool** [244] [ku:l]	혱 시원한, 서늘한	I like **cool** weather. 나는 시원한 날씨를 좋아한다.
☐ **secret** [245] [síːkrit]	혱 비밀의, 남이 모르는 몡 비밀, 기밀	My plans are **secret**. 내 계획은 비밀이다. keep a **secret** 비밀을 지키다
☐ **short** [246] [ʃɔːrt]	혱 짧은, 키가 작은 🅟 shorts 몡 반바지	I am **short**. 나는 키가 작다.
☐ **terrible** [247] [térəbl]	혱 끔찍한, 소름 끼치는 🅟 terribly 🅟 몹시, 너무	a **terrible** car accident 끔찍한 자동차 사고
☐ **enough** [248] [ináf]	🅟 (~할 만큼) 충분히 혱 충분한	This house is big **enough**. 이 집은 충분히 크다. **enough** water 충분한 물
☐ **once** [249] [wʌns]	🅟 한 번 🅟 at once 즉시, 당장	**once** a month 한 달에 한 번
☐ **slowly** [250] [slóuli]	🅟 천천히, 느리게 🅟 slow 혱 느린	walk **slowly** 천천히 걷다

Voca Up **명사 + -ist = 사람**

명사 뒤에 -ist를 붙여서 '~을 전문으로 하는 사람'을 나타내기도 한다.

EX. science(과학) + ist(접미사) = scientist(과학을 전문으로 하는 사람, 과학자)

piano(피아노) + ist = pianist(피아니스트)

art(미술, 예술) + ist = artist(화가, 예술가)

EXERCISE

정답 pp.170~175

A 빈칸에 알맞은 단어를 보기에서 골라 쓰세요. (형태 변경 가능)

brush	enough	dessert	stand

1 Ice cream is my favorite _____.

2 You have to _____ your teeth after meals.

3 Do you have _____ money for the car?

4 Some birds _____ on only one leg.

B 빈칸에 알맞은 말을 넣어 어구를 완성하세요.

1 _____ a week (일주일에 한 번)

2 take out the _____ (쓰레기를 버리다)

3 have my _____ car (내 소유의 자동차를 가지고 있다)

4 _____ at the children (아이들을 보고 미소 짓다)

5 try to keep a _____ (비밀을 지키려고 노력하다)

C 우리말을 참고하여 문장 속에 알맞은 단어를 써 넣으세요.

1 It was _____ in the morning. (아침에는 선선했다.)

2 My family went on a _____ last Saturday.
(우리 가족은 지난 토요일에 소풍을 갔다.)

3 I often _____ with my sister. (나는 종종 여동생과 싸운다.)

4 Kevin tried to move _____. (Kevin은 천천히 움직이려고 노력했다.)

5 Please _____ for your turn here.
(여기에서 당신의 순서를 기다려 주세요.)

D 단어와 영어 뜻을 연결하세요. 영영풀이

1 Saturday ·   · ⓐ very bad

2 own   ·   · ⓑ not long or tall

3 short   ·   · ⓒ to have something

4 terrible ·   · ⓓ after Friday and before Sunday

E 영어 단어를 듣고 받아 적은 후 그 단어의 뜻을 쓰세요. 받아쓰기 🎧

English	Korean	English	Korean
1		14	
2		15	
3		16	
4		17	
5		18	
6		19	
7		20	
8		21	
9		22	
10		23	
11		24	
12		25	
13			

MP3

☐ **field** 251
[fi:ld]
명 들판, 밭

play in the green **field** 푸른 들판에서 놀다

☐ **future** 252
[fjú:tʃər]
명 미래, 장래
형 미래의, 향후의

in the **future** 미래에
my **future** dream 나의 장래 희망

☐ **ground** 253
[graund]
명 땅바닥, 지면

lie on the **ground** 땅바닥에 눕다

☐ **hobby** 254
[hábi]
명 취미
⊜ hobbies

Everyone needs a **hobby**. 모두에게 취미가 필요하다.

☐ **hospital** 255
[háspitəl]
명 병원

go to the **hospital** 병원에 가다
children's **hospital** 아동 병원

☐ **language** 256
[læŋgwidʒ]
명 언어, 말

an official **language** 공식 언어
learn a **language** 언어를 배우다

☐ **leaf** 257
[li:f]
명 잎, 나뭇잎
⊜ leaves

A **leaf** fell off the tree. 잎이 나무에서 떨어졌다.

☐ **prize** 258
[praiz]
명 상, 상품
⊕ award 명 상

win a **prize** 상을 받다

☐ **volunteer** 259
[vàləntíər]
명 자원봉사자

I am a **volunteer**. 나는 자원봉사자다.

☐ **weather** 260
[wéðər]
명 날씨, 기상

a **weather** report 일기 예보

☐ **paint** 261
[peint]
명 페인트
동 (물감으로) 그리다,
페인트칠하다

I need some yellow **paint**.
나는 노란색 페인트가 필요하다.
paint a picture 그림을 색칠하다

☐ **shout** 262
[ʃaut]
명 외침, 고함 (소리)
동 외치다, 소리 지르다

an angry **shout** 성난 외침
shout loudly 큰 소리로 외치다

☐ **surprise** 263
[sərpráiz]
명 놀라운 일[소식], 놀라움
동 놀라게 하다

a **surprise** party 깜짝 파티
He **surprised** me with a gift.
그는 선물로 나를 놀라게 했다.

☐ **feed** [264] [fiːd] (fed - fed)	동 먹이를 주다, 밥을 먹이다	**feed** the dog 개에게 먹이를 주다
☐ **invite** [265] [inváit]	동 초대하다, 초청하다 파 invitation 명 초대	**invite** all my friends 친구들 모두를 초대하다
☐ **pass** [266] [pæs]	동 건네주다 동 합격하다	**pass** the salt to me 나에게 소금을 건네주다 **pass** the test 시험에 합격하다
☐ **throw** [267] [θrou] (threw - thrown)	동 던지다, 내던지다	**throw** a ball 공을 던지다
☐ **Chinese** [268] [tʃàiníːz]	형 중국의 명 중국인, 중국어 파 China 명 중국	I like **Chinese** food. 나는 중국 음식을 좋아한다. I like **Chinese**. 나는 중국어를 좋아한다.
☐ **comic** [269] [kámik]	형 웃기는, 코미디의 참 a comic book 만화책	a **comic** story 웃기는 이야기
☐ **right** [270] [rait]	형 옳은, 정확한 형 오른쪽의, 우측의 명 오른쪽, 우측	the **right** answer 옳은 답, 정답 my **right** hand 나의 오른손 on my **right** 나의 오른쪽
☐ **later** [271] [léitər]	부 나중에, 후에	See you **later**. 나중에 만나요.
☐ **outside** [272] [àutsáid]	부 밖에서, 바깥에 명 겉(면), 바깥 반 inside 부 안에 명 안쪽	play **outside** 밖에서 놀다 It was clean on the **outside**. 겉은 깨끗했다.
☐ **through** [273] [θruː]	부 지나서, ~ 사이로 전 ~을 통해서, ~ 사이로	drive **through** 차를 몰고 지나가다 **through** the doorway 출입구를 통해서
☐ **nothing** [274] [nʌ́θiŋ]	대 아무것도 (아니다, 없다)	I have **nothing** to give you. 나는 네게 줄 것이 아무것도 없다.
☐ **something** [275] [sʌ́mθiŋ]	대 어떤 것[일], 무엇	**something** to drink 마실 것

Voca Up　　　국가명 + -ese = 사람, 언어

나라 이름에 -ese를 붙여서 '그 나라 출신의 사람' 또는 '그 나라의 언어'를 나타내기도 한다.

EX. China(중국) + ese(접미사) = Chinese(중국인, 중국어)

Japan(일본) + ese = Japanese(일본인, 일본어)

Vietnam(베트남) + ese = Vietnamese(베트남인, 베트남어)

정답 pp.170~175

A 빈칸에 알맞은 단어를 보기에서 골라 쓰세요. (형태 변경 가능)

| throw | prize | comic | something |

1 I like _____ books.

2 She won the first _____.

3 We want _____ to eat.

4 My brother can _____ the ball very fast.

B 빈칸에 알맞은 말을 넣어 어구를 완성하세요.

1 _____ the cat (고양이에게 먹이를 주다)

2 a happy _____ (행복한 외침)

3 plans for the _____ (미래를 위한 계획들)

4 come in _____ the window (창문을 통해서 들어오다)

5 play tennis as a _____ (취미로 테니스를 치다)

C 문장에 맞게 밑줄 친 단어의 뜻을 쓰세요.

1 It will be on your <u>right</u> side.

2 Please <u>pass</u> me the pictures.

3 I have a <u>surprise</u> for everyone.

4 Jeff can speak <u>Chinese</u>.

5 They were playing <u>outside</u> this afternoon.

D 단어와 영어 뜻을 연결하세요. 영영풀이

1 later •　　　　　　　　• ⓐ a place for sick people

2 nothing •　　　　　　　• ⓑ at a time in the future

3 feed •　　　　　　　　• ⓒ not anything

4 hospital •　　　　　　　• ⓓ to give food

E 영어 단어를 듣고 받아 적은 후 그 단어의 뜻을 쓰세요. 받아쓰기 🎧

English	Korean	English	Korean
1		14	
2		15	
3		16	
4		17	
5		18	
6		19	
7		20	
8		21	
9		22	
10		23	
11		24	
12		25	
13			

☐ **balloon** 276 [bəlúːn]	명 풍선	blow up a **balloon** 풍선을 불다
☐ **bike** 277 [baik]	명 자전거 유 bicycle	go to school by **bike** 자전거를 타고 학교에 가다 ride a **bike** 자전거를 타다
☐ **cousin** 278 [kʌ́zən]	명 사촌	He is my **cousin**. 그는 내 사촌이다.
☐ **glasses** 279 [glǽsis]	명 안경 참 glass 명 유리, 유리잔, 한 잔	wear **glasses** 안경을 쓰다
☐ **music** 280 [mjúːzik]	명 음악 파 musical 형 음악의, 음악적인 명 뮤지컬	listen to **music** 음악을 듣다
☐ **newspaper** 281 [njúːzpèipər]	명 신문, 신문지 참 news 명 소식	read the **newspaper** 신문을 읽다
☐ **people** 282 [píːpl]	명 사람들	**People** are nice to me. 사람들이 나에게 친절하다.
☐ **village** 283 [vílidʒ]	명 (시골) 마을, 부락	live in a small **village** 작은 마을에 살다
☐ **board** 284 [bɔːrd]	명 판자, 게시판 동 타다, 탑승하다	a wooden **board** 나무로 된 판자 **board** the plane 비행기에 타다
☐ **dance** 285 [dæns]	명 춤, 무용 동 춤을 추다	a beautiful **dance** 아름다운 춤 We like to **dance**. 우리는 춤추는 것을 좋아한다.
☐ **carry** 286 [kǽri] (carried - carried)	동 들고 있다, 나르다	**carry** a bag 가방을 들고 있다
☐ **cut** 287 [kʌt] (cut - cut)	동 자르다, 베다	**cut** the paper 종이를 자르다
☐ **happen** 288 [hǽpən]	동 일어나다, 발생하다 파 happening 명 일, 사건	Nothing will **happen**. 아무 일도 일어나지 않을 것이다.

□ **move** [289] [muːv]	통 움직이다 통 이사하다	**move** quickly 빠르게 움직이다 **move** to a big city 대도시로 이사하다
□ **boring** [290] [bɔ́ːriŋ]	형 지루한, 재미없는	The movie was **boring**. 그 영화는 지루했다.
□ **dirty** [291] [də́ːrti]	형 더러운, 지저분한	a **dirty** kitchen 지저분한 부엌
□ **difficult** [292] [dífəkλlt]	형 어려운, 힘든 파 difficulty 명 어려움	a **difficult** problem 어려운 문제
□ **French** [293] [frentʃ]	형 프랑스의, 프랑스인의 명 프랑스인, 프랑스어 파 France 명 프랑스	**French** food 프랑스 음식 learn **French** 프랑스어를 배우다
□ **lonely** [294] [lóunli]	형 외로운, 쓸쓸한	feel **lonely** 외로움을 느끼다
□ **nervous** [295] [nə́ːrvəs]	형 불안해하는, 초조한 파 nerve 명 신경	You make me **nervous**. 당신은 나를 초조하게 만든다.
□ **next** [296] [nekst]	형 다음의, 그다음의 숙 next to ~ 옆에	the **next** train 다음 기차
□ **else** [297] [els]	부 그 밖에 다른	anyone **else** 그 밖에 다른 누군가
□ **sometimes** [298] [sʌ́mtàimz]	부 때때로, 가끔	I **sometimes** go swimming. 나는 가끔 수영하러 간다.
□ **today** [299] [tədéi]	부 오늘 명 오늘	Let's go to the zoo **today**. 오늘 동물원에 가자. **Today** is my birthday. 오늘은 내 생일이다.
□ **twice** [300] [twais]	부 두 번, 두 배 유 two times 두 번, 두 배	**twice** a week 일주일에 두 번

Voca Up　　　　　**복수로만 쓰는 명사**

glass는 셀 수 없는 명사로 '유리', 셀 수 있는 명사로 '(유리)잔, 한 잔'이라는 뜻이고, glasses는 '안경'이라는 뜻이다. glasses처럼 항상 복수로 쓰는 명사는 수식어나 동사도 복수로 맞춰주어야 한다.

EX. pants(긴 바지), shorts(반바지), scissors(가위)

　　These glasses are too big for me. (이 안경은 나에게 너무 크다.)

EXERCISE

정답 pp.170~175

A 빈칸에 알맞은 단어를 보기에서 골라 쓰세요. (형태 변경 가능)

boring	carry	next	newspaper

1 We will take the _____ bus.

2 It was a _____ movie.

3 Does your father read the _____?

4 Can you _____ this box to the room?

B 빈칸에 알맞은 말을 넣어 어구를 완성하세요.

1 practice the Korean _____ (한국 무용을 연습하다)

2 move to another _____ (다른 시골 마을로 이사하다)

3 time to _____ the plane (비행기에 탈 시간)

4 blow up a big _____ (큰 풍선을 불다)

5 be _____ about the future (미래에 대해 불안해하다)

C 우리말을 참고하여 문장 속에 알맞은 단어를 써 넣으세요.

1 I _____ my birthday cake. (나는 생일 케이크를 잘랐다.)

2 Maggie _____ goes dancing. (Maggie는 가끔 춤을 추러 간다.)

3 I will buy this _____ for my cousin.
(나는 사촌을 위해 이 자전거를 살 것이다.)

4 What will _____ to them? (그들에서 무슨 일이 일어날까요?)

5 This book is too _____ for us. (이 책은 우리에게 너무 어렵다.)

D 단어와 영어 뜻을 연결하세요. 영영풀이

1 twice ·

2 dance ·

3 boring ·

4 dirty   ·

· ⓐ not clean

· ⓑ not interesting

· ⓒ two times

· ⓓ to move your body to music

E 영어 단어를 듣고 받아 적은 후 그 단어의 뜻을 쓰세요. 받아쓰기 🎧

English	Korean	English	Korean
1		14	
2		15	
3		16	
4		17	
5		18	
6		19	
7		20	
8		21	
9		22	
10		23	
11		24	
12		25	
13			

□ **classroom** 301 　　명 교실 　　　　　　clean the **classroom** 교실을 청소하다
[klǽsrù(:)m]

□ **club** 302 　　명 클럽, 동호회 　　　　a guitar **club** 기타 동호회
[klʌb] 　　　　　　　　　　　　　join a **club** 동호회에 가입하다

□ **culture** 303 　　명 문화 　　　　　　French **culture** 프랑스의 문화
[kʌ́ltʃər] 　　　파 cultural 형 문화와 관련된

□ **Friday** 304 　　명 금요일 　　　　　It's **Friday**. 금요일이다.
[fráidei] 　　　　　　　　　　　　**Friday** morning 금요일 아침

□ **hour** 305 　　　명 1시간, 시간 　　　We studied for an **hour**.
[áuər] 　　　　　　　　　　　　　우리는 1시간 동안 공부했다.
　　　　　　　　　　　　　　　　office **hours** 영업 시간

□ **middle** 306 　　명 중앙, (한)가운데 　in the **middle** of the room 방 한가운데에
[mídl] 　　　　　　　　　　　　　**middle** school 중학교

□ **number** 307 　　명 수, 숫자, 번호 　　count **numbers** 숫자를 세다
[nʌ́mbər] 　　파 numbers of 다수의 　big **numbers** 큰 숫자들

□ **painter** 308 　　명 화가 　　　　　become a **painter** 화가가 되다
[péintər] 　　　파 paint 동 (물감으로) 그리다

□ **phone** 309 　　명 전화(기), 수화기 　answer the **phone** 전화를 받다
[foun] 　　　유 telephone

□ **plane** 310 　　명 비행기 　　　　　fly a **plane** 비행기를 조종하다
[plein] 　　　유 airplane

□ **shoe** 311 　　　명 신, 신발 한 짝 　　I lost a **shoe**. 신발 한 짝을 잃어버렸다.
[ʃuː] 　　　　　　　　　　　　　a pair of **shoes** 신발 한 켤레

□ **station** 312 　　명 역, 정거장[정류장] 　a train **station** 기차역
[stéiʃən]

□ **block** 313 　　명 사각형 덩어리 　　a **block** of ice 네모난 얼음 덩어리
[blɑk] 　　　동 막다, 차단하다 　　**Block** the sun with your hand.
　　　　　　　　　　　　　　　　손으로 태양을 막으세요.

56

☐ **sign** ³¹⁴ [sain]	몡 표지판, 표시 통 서명하다 🔁 signature 몡 서명	a road **sign** 도로 표지판 **sign** a letter 편지에 서명하다
☐ **store** ³¹⁵ [stɔːr]	몡 가게, 상점 통 저장하다, 보관하다	a shoe **store** 구두 가게 **store** some food 약간의 음식을 저장하다
☐ **listen** ³¹⁶ [lísn]	통 (귀 기울여) 듣다 🔁 listener 몡 듣는 사람	**listen** carefully 주의 깊게 듣다
☐ **write** ³¹⁷ [rait] (wrote - written)	통 쓰다, 집필하다 🔁 writer 몡 작가	**write** a letter 편지를 쓰다
☐ **cheap** ³¹⁸ [tʃiːp]	혱 값싼, 돈이 적게 드는	My bike was **cheap**. 내 자전거는 값이 쌌다.
☐ **exciting** ³¹⁹ [iksáitiŋ]	혱 신나는, 흥미진진한	an **exciting** adventure 신나는 모험
☐ **near** ³²⁰ [niər]	혱 가까운 전 ~에서 가까이	in the **near** future 가까운 미래에 I live **near** school. 나는 학교에서 가까이 산다.
☐ **rainy** ³²¹ [réini]	혱 비가 많이 오는 🔁 rain 통 비가 오다	a **rainy** day 비가 많이 오는 날
☐ **real** ³²² [ríːəl]	혱 진짜의, 현실의 🔁 really 븟 진짜로, 정말로	my **real** name 나의 진짜 이름
☐ **cold** ³²³ [kould]	혱 추운, 차가운 몡 감기	It's **cold** outside. 밖은 춥다. He has a **cold**. 그는 감기에 걸렸다.
☐ **musical** ³²⁴ [mjúːzikəl]	혱 음악의, 음악적인 몡 뮤지컬 🔁 music 몡 음악	**musical** talent 음악적인 재능 see a **musical** 뮤지컬을 보다
☐ **plastic** ³²⁵ [plǽstik]	혱 플라스틱[비닐]으로 된 몡 플라스틱	a **plastic** cup 플라스틱 컵 be made of **plastic** 플라스틱으로 만들어지다

Voca Up	명사 + -al = 형용사

명사에 접미사 -al을 붙여서 형용사가 되기도 한다.
EX. music(음악) + al(접미사) = musical(음악의, 음악적인)
culture(문화) + al = cultural(문화의)
nature(자연) + al = natural(자연의, 자연 발생적인)

EXERCISE

정답 pp.170~175

A 빈칸에 알맞은 단어를 보기에서 골라 쓰세요. (형태 변경 가능)

| write | culture | exciting | musical |

1 It was a really _____ movie.

2 She has _____ talent.

3 They don't know about Korean _____.

4 Did you _____ a letter to your mom?

B 빈칸에 알맞은 말을 넣어 어구를 완성하세요.

1 in the _____ future (가까운 미래에)

2 travel by _____ (비행기로 여행하다)

3 join a guitar _____ (기타 동호회에 가입하다)

4 in the _____ of the river (강의 한가운데에)

5 buy a pair of _____ shoes (값싼 신발 한 켤레를 사다)

C 다음 두 문장에 공통으로 들어갈 단어를 쓰세요.

1 A new toy __s_____ is open.

Some animals __s_____ their food for winter.

2 It's __c_____ outside today.

He has a terrible __c_____.

3 Look at the road __s_____ over there.

__S_____ your name here, please.

D 단어와 영어 뜻을 연결하세요. 영영풀이

1 hour ·
2 rainy ·
3 sign ·
4 Friday ·

· ⓐ raining a lot
· ⓑ after Thursday and before Saturday
· ⓒ to write your name
· ⓓ sixty minutes

E 영어 단어를 듣고 받아 적은 후 그 단어의 뜻을 쓰세요. 받아쓰기 🎧

	English	Korean		English	Korean
1			14		
2			15		
3			16		
4			17		
5			18		
6			19		
7			20		
8			21		
9			22		
10			23		
11			24		
12			25		
13					

MP3

□ **classmate** ³²⁶ [klǽsmèit]	몡 반 친구	He is my **classmate**. 그는 우리 반 친구다.
□ **event** ³²⁷ [ivént]	몡 (중요한) 사건, 행사	a big **event** 큰 행사
□ **gold** ³²⁸ [gould]	몡 금, 황금색	a **gold** ring 금반지 a **gold** medal 금메달
□ **health** ³²⁹ [helθ]	몡 건강 파 healty 형 건강한	good for your **health** 건강에 좋은
□ **helmet** ³³⁰ [hélmit]	몡 헬멧	a bike **helmet** 자전거용 헬멧
□ **nature** ³³¹ [néitʃər]	몡 자연, 본질 파 natural 형 자연의, 타고난	love of **nature** 자연에 대한 사랑
□ **shirt** ³³² [ʃəːrt]	몡 셔츠 참 T-shirt 몡 티셔츠	wear a new **shirt** 새 셔츠를 입다
□ **uniform** ³³³ [júːnəfɔ̀ːrm]	몡 제복, 유니폼	a school **uniform** 교복 wear **uniform** 유니폼을 입다
□ **week** ³³⁴ [wiːk]	몡 주, 일주일 파 weekly 형 매주의	next **week** 다음 주
□ **writer** ³³⁵ [ráitər]	몡 작가, 쓴 사람 파 write 동 (글을) 쓰다, 집필하다	a famous **writer** 유명한 작가
□ **bear** ³³⁶ [bɛər] (bore - born/borne)	몡 곰 동 참다, 견디다	a brown **bear** 갈색 곰 **bear** the pain 고통을 참다
□ **park** ³³⁷ [pɑːrk]	몡 공원 동 주차하다	play in the **park** 공원에서 놀다 **park** the car 자동차를 주차하다
□ **point** ³³⁸ [pɔint]	몡 의견, 요소 동 (손가락으로) 가리키다	a good **point** 좋은 의견 **point** at the sky 하늘을 가리키다

☐ **arrive** ³³⁹ [əráiv]	통 도착하다 숙 arrive at ~에 이르다	**arrive** early 일찍 도착하다
☐ **climb** ³⁴⁰ [klaim]	통 오르다, 올라가다	**climb** a tree 나무를 오르다
☐ **feel** ³⁴¹ [fi:l] (felt - felt)	통 느끼다	**feel** happy 행복을 느끼다
☐ **pick** ³⁴² [pik]	통 고르다, 꺾다, 따다 숙 pick up ~을 태우러 가다, ~을 집어들다	**pick** a cake 케이크를 고르다
☐ **welcome** ³⁴³ [wélkəm]	통 맞이하다, 환영하다 형 반가운, 환영받는	**welcome** a new student 새 학생을 환영하다 You are always **welcome**. 당신은 늘 환영받는다.
☐ **dangerous** ³⁴⁴ [déindʒərəs]	형 위험한 파 danger 명 위험	**dangerous** animals 위험한 동물들
☐ **handsome** ³⁴⁵ [hǽnsəm]	형 잘생긴, 멋진	a **handsome** boy 잘생긴 소년
☐ **Japanese** ³⁴⁶ [dʒæpəníːz]	형 일본의 명 일본인, 일본어 파 Japan 명 일본	**Japanese** culture 일본의 문화 learn **Japanese** 일본어를 배우다
☐ **large** ³⁴⁷ [lɑːrdʒ]	형 큰, 많은	a **large** car 큰 자동차 a **large** number of people 많은 수의 사람들
☐ **small** ³⁴⁸ [smɔːl]	형 작은, 적은, 어린	a **small** house 작은 집 a **small** party 조촐한 파티
☐ **surprising** ³⁴⁹ [sərpráiziŋ]	형 놀라운, 놀랄 파 surprisingly 부 놀랍게도	**surprising** news 놀라운 소식
☐ **during** ³⁵⁰ [djú(:)əriŋ]	전 ~ 동안(내내), ~에	**during** the night 밤 동안

Voca Up　　　**명사 + -ous = 형용사**

명사에 접미사 -ous를 붙여서 형용사가 되기도 한다.
EX. danger(위험) + ous(접미사) = dangerous(위험한)
　　　fame(명성) + ous = famous(유명한)
　　　adventure(모험) + ous = adventurous(모험적인)

EXERCISE

정답 pp.170~175

A 빈칸에 알맞은 단어를 보기에서 골라 쓰세요. (형태 변경 가능)

| week | during | surprising | health |

1 Vegetables are good for your _____.

2 He came with _____ news.

3 They will arrive next _____.

4 Annie stayed in Japan _____ the summer.

B 빈칸에 알맞은 말을 넣어 어구를 완성하세요.

1 _____ so happy (아주 행복하게 느끼다)

2 wear a bike _____ (자전거용 헬멧을 착용하다)

3 a very _____ animal (매우 위험한 동물)

4 win a _____ medal (금메달을 따다)

5 become a great _____ (훌륭한 작가가 되다)

C 문장에 맞게 밑줄 친 단어의 뜻을 쓰세요.

1 You can <u>park</u> here.

2 Nate is a <u>welcome</u> guest.

3 The students <u>point</u> at the sky.

4 Don't <u>pick</u> the flowers at the park.

5 They saw a large <u>bear</u> near the tree.

D 단어와 영어 뜻을 연결하세요. 영영풀이

1 arrive   •

2 classmate •

3 climb   •

4 large   •

• ⓐ big

• ⓑ to go up

• ⓒ to reach a place

• ⓓ someone in the same class

E 영어 단어를 듣고 받아 적은 후 그 단어의 뜻을 쓰세요. 받아쓰기 🎧

English	Korean	English	Korean
1		14	
2		15	
3		16	
4		17	
5		18	
6		19	
7		20	
8		21	
9		22	
10		23	
11		24	
12		25	
13			

MP3

□ **cartoon** 351 [kɑːrtúːn]	명 만화 파 cartoonist 명 만화가	I watch **cartoons** on TV. 나는 TV에서 만화를 본다.
□ **gift** 352 [gift]	명 선물 유 present 명 선물 명 재능	a birthday **gift** 생일 선물 a great **gift** for art 미술에 대한 탁월한 재능
□ **idea** 353 [aidí(ː)ə]	명 생각, 발상, 아이디어	a good **idea** 좋은 생각 have no **idea** 전혀 모르다
□ **month** 354 [mʌnθ]	명 달, 월	He will go to Hawaii next **month**. 그는 다음 달에 하와이에 갈 것이다.
□ **mountain** 355 [máuntən]	명 (아주 높은) 산, 산더미	climb a **mountain** 산을 오르다 the highest **mountain** in the world 세계에서 가장 높은 산
□ **poster** 356 [póustər]	명 포스터, 대형 그림[사진]	a **poster** of singers 가수들의 대형 사진
□ **rabbit** 357 [rǽbit]	명 토끼	a white **rabbit** 흰색 토끼
□ **silver** 358 [sílvər]	명 은, 은색 형 은색의, 은백색의	a dish made of **silver** 은으로 만들어진 접시 **silver** hair 은백색 머리
□ **tip** 359 [tip]	명 팁, 봉사료 명 (실용적인) 조언	leave a **tip** 팁을 남기다 a useful **tip** 유용한 조언
□ **umbrella** 360 [ʌmbrélə]	명 우산, 양산	bring an **umbrella** 우산을 가져오다
□ **check** 361 [tʃek]	명 확인, 점검 동 살피다, 확인하다	a health **check** 건강 검진 **check** the weather 날씨를 확인하다
□ **plan** 362 [plæn] (planned - planned)	명 계획 동 계획하다	change the **plan** 계획을 변경하다 **plan** a holiday 휴가를 계획하다
□ **ask** 363 [æsk]	동 묻다, 물어보다 동 부탁하다, 요청하다	**ask** a question 질문을 묻다 **ask** for a drink 마실 것을 부탁하다

□ **draw** ³⁶⁴ [drɔː] (drew - drawn)	동 그리다	**draw** a picture 그림을 그리다 **draw** well (그림을) 잘 그리다
□ **enjoy** ³⁶⁵ [indʒɔ́i]	동 즐기다 파 enjoyable 형 즐거운	**enjoy** playing tennis 테니스 치는 것을 즐기다
□ **let** ³⁶⁶ [let] (let - let)	동 허락하다, ~하게 하다	**Let** me hang out with my friends. 제가 친구들과 놀도록 허락해 주세요.
□ **left** ³⁶⁷ [left]	형 왼쪽의, 좌측의 명 왼쪽 반 right 형 오른쪽의 명 오른쪽	my **left** hand 나의 왼손 on my **left** 나의 왼쪽에
□ **little** ³⁶⁸ [lítl]	형 (크기·규모가) 작은, 어린 형 거의 없는	a **little** girl 작은 소녀 have **little** money 돈이 거의 없다
□ **more** ³⁶⁹ [mɔːr]	형 더 많은	I want **more** shoes. 나는 더 많은 신발을 원한다. We will work **more**. 우리는 더 많이 일할 것이다.
□ **tall** ³⁷⁰ [tɔːl]	형 키가 큰, 높은	a **tall** building 높은 건물
□ **wise** ³⁷¹ [waiz]	형 지혜로운, 현명한	a **wise** person 지혜로운 사람
□ **about** ³⁷² [əbáut]	부 약, ~쯤, 거의 전 ~에 대한[관한]	It's **about** three o'clock. 3시쯤이다. a book **about** animals 동물에 관한 책
□ **away** ³⁷³ [əwéi]	부 떨어져, 다른 데로	I will go **away**. 나는 떠날 것이다.
□ **may** ³⁷⁴ [mei]	조 ~해도 좋다 조 ~일지도 모른다	You **may** go. 가도 좋다. She **may** help you. 그녀가 너를 도울지도 모른다.
□ **must** ³⁷⁵ [mʌst]	조 ~해야 한다 조 ~임에 틀림없다	I **must** go now. 나는 지금 가야 한다. They **must** be hungry. 그들은 틀림없이 배가 고프다.

Voca Up　　　**비교급 만들기**

more는 3음절 이상의 긴 형용사 또는 -ous, -ive 등으로 끝나는 2음절 형용사 앞에 붙어서 비교급을 나타내기도 한다.

EX. exciting - more exciting (흥미진진한 – 더 흥미진진한)
　　famous - more famous (유명한 – 더 유명한)

EXERCISE

A 빈칸에 알맞은 단어를 보기에서 골라 쓰세요. (형태 변경 가능)

mountain	wise	umbrella	silver

1 It may rain. Take your _____.

2 Let's climb up the _____.

3 We like _____ people.

4 The dishes made of _____ are expensive.

B 빈칸에 알맞은 말을 넣어 어구를 완성하세요.

1 have a good _____ (좋은 생각이 있다)

2 _____ drawing pictures (그림 그리는 것을 즐기다)

3 a cartoon _____ the future (미래에 관한 만화)

4 make a _____ for the trip (여행을 위한 계획을 세우다)

5 a _____ rabbit on my left (내 왼쪽에 있는 작은 토끼)

C 다음 두 문장에 공통으로 들어갈 단어를 쓰세요.

1 Did you c _____ the spelling?

  We finished the final c _____.

2 They didn't a _____ any questions.

  Can I a _____ for your help?

3 Bella m _____ be a wise girl.

  We m _____ leave a tip at the restaurant.

66

D 단어와 영어 뜻을 연결하세요. 영영풀이

1 gift   •   • ⓐ four weeks

2 enjoy   •   • ⓑ a present

3 month •   • ⓒ a big picture

4 poster •   • ⓓ to like

E 영어 단어를 듣고 받아 적은 후 그 단어의 뜻을 쓰세요. 받아쓰기

English	Korean	English	Korean
1		14	
2		15	
3		16	
4		17	
5		18	
6		19	
7		20	
8		21	
9		22	
10		23	
11		24	
12		25	
13			

□ **actor** 376
[ǽktər]
명 배우
파 act 동 연기하다, 행동하다
a main **actor** 주연 배우

□ **art** 377
[ɑːrt]
명 미술, 예술
I like **art**. 나는 미술을 좋아한다.
American **art** 미국 미술

□ **bookstore** 378
[búkstɔ̀ːr]
명 서점
유 bookshop
an online **bookstore** 온라인 서점

□ **brother** 379
[brʌ́ðər]
명 형, 오빠, 남동생
my youngest **brother** 나의 막내 남동생

□ **building** 380
[bíldiŋ]
명 건물, 건축
파 build 동 짓다, 만들다
an old **building** 오래된 건물

□ **evening** 381
[íːvniŋ]
명 저녁, 야간, 밤
a nice **evening** at home 집에서의 즐거운 저녁
in the **evening** 저녁에

□ **food** 382
[fuːd]
명 음식, 식량
He likes Chinese **food**. 그는 중국 음식을 좋아한다.

□ **friend** 383
[frend]
명 친구
have many **friends** 많은 친구가 있다
my best **friend** 나의 가장 친한 친구

□ **grandparent** 384
[grǽndpɛ̀ərənt]
명 조부모
live with my **grandparents** 조부모와 함께 살다

□ **train** 385
[trein]
명 기차
take the last **train** 마지막 기차를 타다

□ **wind** 386
[wind]
명 바람
파 windy 형 바람이 많이 부는
a strong **wind** 강한 바람

□ **dress** 387
[dres]
명 드레스, 원피스
동 옷을 입다[입히다]
a pretty red **dress** 예쁜 빨간색 드레스
dress quickly 옷을 빨리 입다
dress up 옷을 갖춰 입다

□ **fish** 388
[fiʃ]
명 (물)고기, 어류, 생선
동 낚시하다
복 fish/fishes
There are **fish** in the river. 강에 물고기가 있다.
We **fished** for six hours.
우리는 6시간 동안 낚시했다.

□ **line** ³⁸⁹ [lain]	몡 줄, 선 통 ~을 따라 늘어서다, 줄을 세우다	a long **line** 긴 줄 Please **line** up here. 여기서 줄을 서세요.
□ **matter** ³⁹⁰ [mǽtər]	몡 문제, 일, 사안 통 중요하다, 문제되다	an important **matter** 중요한 문제 It doesn't **matter**. 그것은 중요하지 않다.
□ **agree** ³⁹¹ [əgríː]	통 동의하다	**agree** to help them 그들을 돕기로 동의하다
□ **collect** ³⁹² [kəlékt]	통 모으다, 수집하다 파 collection 몡 수집품, 수집	**collect** old toys 오래된 장난감을 수집하다
□ **foreign** ³⁹³ [fɔ́ːrin]	혱 외국의 파 foreigner 몡 외국인	a **foreign** language 외국어 a **foreign** country 외국
□ **hot** ³⁹⁴ [hɑt] (hotter - hottest)	혱 더운, 뜨거운 혱 매운	It's **hot** today. 오늘은 덥다. a **hot** pepper 매운 고추
□ **much** ³⁹⁵ [mʌtʃ]	혱 많은 뷔 많이, 매우	We don't have **much** time. 우리는 시간이 많지 않다. Thank you very **much**. 매우 감사해요.
□ **proud** ³⁹⁶ [praud]	혱 자랑스러워하는 참 be proud of ~을 자랑스러워하다	We are **proud** of you. 우리는 네가 자랑스럽다.
□ **rich** ³⁹⁷ [ritʃ]	혱 부유한, 돈 많은	a **rich** family 부유한 가정
□ **simple** ³⁹⁸ [símpl]	혱 간단한, 단순한 파 simply 뷔 간단히, 평이하게	My plan is **simple**. 내 계획은 간단하다.
□ **everywhere** [évrihwèər] ³⁹⁹	뷔 어디나, 모든 곳에서	We drive **everywhere**. 우리는 어디서나 운전한다.
□ **never** ⁴⁰⁰ [névər]	뷔 절대[결코] (~ 않다)	**Never** go out at night. 밤에 절대 나가지 마라.

Voca Up	동사 + -or = 사람

동사에 접미사 -or을 붙여서 '~을 하는 사람'을 나타내기도 한다.
EX. act(연기하다) + or(접미사) = actor(배우, 연기하는 사람)
  sail(항해하다) + or = sailor(선원)
  invent(발명하다) + or = inventor(발명가)

EXERCISE

정답 pp.170~175

A 빈칸에 알맞은 단어를 보기에서 골라 쓰세요. (형태 변경 가능)

> bookstore   simple   evening   rich

1 Let's meet Friday _____.

2 The dress is _____ but beautiful.

3 Harry is from a _____ family.

4 Many people use this online _____.

B 빈칸에 알맞은 말을 넣어 어구를 완성하세요.

1 _____ foreign coins (외국 동전을 모으다)

2 draw a straight _____ (직선을 그리다)

3 be _____ of my brother (우리 형을 자랑스러워하다)

4 catch a lot of _____ (많은 물고기를 잡다)

5 _____ agree with her (절대 그녀에게 동의하지 않다)

C 우리말을 참고하여 문장 속에 알맞은 단어를 써 넣으세요.

1 What's the _____ with you? (당신에게 무엇이 문제인가요?)

2 There is a bookstore in this _____. (이 건물 안에 서점이 있다.)

3 It's sunny and _____ in summer. (여름에는 날씨가 화창하고 덥다.)

4 He is my favorite _____. (그는 내가 가장 좋아하는 배우다.)

5 I must take a _____ to go there.
(나는 거기에 가기 위해 기차를 타야 한다.)

D 단어와 영어 뜻을 연결하세요. 영영풀이

1 everywhere ·

2 food ·

3 rich ·

4 matter ·

· ⓐ to have importance

· ⓑ in every place

· ⓒ things to eat

· ⓓ having a lot of money

MP3

E 영어 단어를 듣고 받아 적은 후 그 단어의 뜻을 쓰세요. 받아쓰기 🎧

	English	Korean		English	Korean
1			14		
2			15		
3			16		
4			17		
5			18		
6			19		
7			20		
8			21		
9			22		
10			23		
11			24		
12			25		
13					

MP3

☐ **center** 401 [séntər]	명 중앙, 중심지	be at the **center** 중앙에 있다 the **center** of the city 도시의 중심지
☐ **garden** 402 [gáːrdən]	명 정원, 뜰	a beautiful **garden** 아름다운 정원
☐ **headache** 403 [hédèik]	명 두통, 골칫거리	I have a **headache**. 나는 두통이 있다.
☐ **horse** 404 [hɔːrs]	명 말, 경마	ride a **horse** 말을 타다
☐ **leader** 405 [líːdər]	명 지도자, 선두 관 lead 동 이끌다	We need a **leader**. 우리는 지도자가 필요하다.
☐ **luck** 406 [lʌk]	명 좋은 운, 행운 파 lucky 형 운이 좋은	have good **luck** 행운이 있다, 운이 좋다 have bad **luck** 재수가 없다
☐ **photo** 407 [fóutou]	명 사진 동 photograph	take a **photo** 사진을 찍다
☐ **pocket** 408 [pákit]	명 (호)주머니	It has a small **pocket**. 그것은 작은 주머니가 있다.
☐ **steak** 409 [steik]	명 스테이크	We eat **steak** once a month. 우리는 한 달에 한 번 스테이크를 먹는다.
☐ **Sunday** 410 [sʌ́ndei]	명 일요일	this **Sunday** 이번 주 일요일 **Sunday** afternoon 일요일 오후
☐ **sweater** 411 [swétər]	명 스웨터	a warm **sweater** 따뜻한 스웨터
☐ **traffic** 412 [trǽfik]	명 교통, 교통량	a **traffic** light 신호등 **traffic** jam 교통 체증
☐ **cross** 413 [krɔ(ː)s]	명 X 표, 십자가 동 건너다, 가로지르다	make a **cross** X 표 하다 **cross** the river 강을 건너다

☐ **design** [414] [dizáin]	몡 디자인, 설계 통 디자인하다, 설계하다 파 designer 몡 디자이너	a nice **design** 좋은 디자인 **design** a house 집을 설계하다
☐ **dream** [415] [dri:m]	몡 꿈 통 꿈꾸다, 꿈을 꾸다	have a **dream** 꿈을 가지다 **dream** of being an actor 배우가 되는 것을 꿈꾸다
☐ **hand** [416] [hænd]	몡 손, 도움 통 건네주다, 넘겨주다	put my **hand** up 손을 들다 **hand** me the dish 나에게 접시를 건네주다
☐ **talk** [417] [tɔ:k]	몡 이야기, 대화 통 말하다, 이야기하다 파 talkative 혱 수다스러운	a long **talk** 긴 시간의 대화 **talk** to the man 그 남자와 이야기하다
☐ **become** [418] [bikʌ́m] (became - become)	통 ~이 되다, ~해지다	**become** a teacher 교사가 되다 **become** more beautiful 더 아름다워지다
☐ **build** [419] [bild] (built - built)	통 짓다, 만들어 내다	We will **build** a house for you. 우리가 당신을 위해 집을 지을 것이다.
☐ **recycle** [420] [ri:sáikl]	통 재활용[재생]하다	We **recycle** paper. 우리는 종이를 재활용한다.
☐ **deep** [421] [di:p]	혱 깊은, 색깔이 짙은 부 깊이, 깊은 곳에서	a **deep** river 깊은 강 **deep** in the river 바다 깊은 곳에서
☐ **sad** [422] [sæd]	혱 슬픈, 애석한 파 sadness 몡 슬픔	a **sad** movie 슬픈 영화
☐ **soft** [423] [sɔ(:)ft]	혱 부드러운, 푹신한 파 softly 부 부드럽게	a **soft** bed 푹신한 침대
☐ **windy** [424] [wíndi]	혱 바람이 많이 부는 파 wind 몡 바람	a **windy** day 바람이 많이 부는 날
☐ **soon** [425] [su:n]	부 곧, 머지않아	See you **soon**. 곧 만나요.

Voca Up	명사 + -y = 형용사

명사에 접미사 -y를 붙여서 형용사가 되기도 한다.
EX. wind(바람) + y(접미사) = windy(바람이 많이 부는)
　　　 rain(비) + y = rainy(비가 많이 오는)
　　　 salt(소금) + y = salty(소금기가 있는, 짠)

EXERCISE

정답 pp.170~175

A 빈칸에 알맞은 단어를 보기에서 골라 쓰세요. (형태 변경 가능)

pocket	center	headache	garden

1 I had a terrible _____.

2 This bag has a big _____.

3 Your _____ is always beautiful.

4 They were standing at the _____ of the park.

B 빈칸에 알맞은 말을 넣어 어구를 완성하세요.

1 a _____ winter day (바람이 많이 부는 겨울날)

2 _____ on the phone (전화로 이야기하다)

3 sweet and _____ cake (달콤하고 부드러운 케이크)

4 have _____ for dinner (저녁 식사로 스테이크를 먹다)

5 start to _____ paper (종이를 재활용하기 시작하다)

C 문장에 맞게 밑줄 친 단어의 뜻을 쓰세요.

1 Felix <u>dreams</u> of becoming an artist.

2 Please <u>hand</u> me the letter from Paul.

3 Watch out! The river is very <u>deep</u>.

4 We will <u>cross</u> the river in a boat.

5 People like the new <u>design</u> of the car.

D 단어와 영어 뜻을 연결하세요. 영영풀이

1 Sunday ·   · ⓐ not happy

2 talk   ·   · ⓑ to make something

3 build   ·   · ⓒ to speak

4 sad   ·   · ⓓ after Saturday and before Monday

E 영어 단어를 듣고 받아 적은 후 그 단어의 뜻을 쓰세요. 받아쓰기

English	Korean	English	Korean
1		14	
2		15	
3		16	
4		17	
5		18	
6		19	
7		20	
8		21	
9		22	
10		23	
11		24	
12		25	
13			

MP3

□ **bridge** 426 [bridʒ]	명 다리	a **bridge** over the river 강 위의 다리
□ **fashion** 427 [fǽʃən]	명 유행, 패션	Long skirts are in **fashion**. 긴 치마가 유행이다. a **fashion** designer 패션 디자이너
□ **foreigner** 428 [fɔ́(:)rinər]	명 외국인	Many **foreigners** visit Korea. 많은 외국인들이 한국을 방문한다.
□ **hike** 429 [haik]	명 하이킹, 도보 여행	go for a **hike** 하이킹을 가다 go **hiking** 하이킹을 가다
□ **potato** 430 [pətéitou]	명 감자 복 potatoes	fried **potatoes** 튀긴 감자
□ **queen** 431 [kwiːn]	명 여왕, 왕비	The **queen** lives in the palace. 그 여왕은 궁전에 산다.
□ **straw** 432 [strɔː]	명 짚, 밀짚 명 빨대	a **straw** hat 밀짚 모자 drink through a **straw** 빨대로 마시다
□ **subway** 433 [sʌ́bwèi]	명 지하철	a **subway** station 지하철역
□ **tour** 434 [tuər]	명 여행, 관광 파 tourist 명 관광객	a **tour** guide 여행 안내원 go on a **tour** 여행을 떠나다
□ **tower** 435 [táuər]	명 탑, 타워	a clock **tower** 시계탑
□ **hope** 436 [houp]	명 희망, 기대 동 희망하다, 바라다 파 hopeful 형 희망에 찬	have a **hope** for change 변화에 대한 희망을 갖다 We **hope** you can come. 우리는 당신이 올 수 있기를 바란다.
□ **waste** 437 [weist]	명 낭비, 허비 동 낭비하다, 헛되이 쓰다	a **waste** of time 시간 낭비 **waste** water 물을 낭비하다
□ **add** 438 [æd]	동 추가하다, 덧붙이다 동 합하다, 더하다	**add** my name to the list 명단에 이름을 올리다 **add** the numbers 숫자를 합하다

□ **bake** 439 [beik]	통 굽다, 구워지다 파 baker 명 제빵사, 빵집 주인	The baker **bakes** bread. 제빵사가 빵을 굽는다.
□ **enter** 440 [éntər]	통 들어가다[오다], 진입하다 파 entrance 명 (출)입구	**enter** the room 방으로 들어가다
□ **fill** 441 [fil]	통 채우다, 채워지다 파 be filled with ~로 가득 차다	**fill** the glass 유리잔을 채우다
□ **send** 442 [send] (sent - sent)	통 보내다, 전하다	**send** a letter 편지를 보내다 **send** my love 사랑을 전하다
□ **everyday** 443 [évridèi]	형 일상적인, 매일의	**everyday** life 일상 생활
□ **free** 444 [fri:]	형 자유로운 형 무료의	feel **free** 자유를 느끼다 a **free** movie ticket 무료 영화 티켓
□ **pink** 445 [piŋk]	형 분홍색의 명 분홍색, 핑크	a **pink** flower 분홍색 꽃 Girls usually like **pink**. 소녀들은 보통 분홍색을 좋아한다.
□ **poor** 446 [puər]	형 가난한, 빈곤한 형 잘 못하는, 실력 없는	She was very **poor**. 그녀는 아주 가난했다. I am **poor** at writing. 나는 글쓰기를 잘 못한다.
□ **behind** 447 [biháind]	전 ~ 뒤에, ~ 뒤에서 부 뒤에, 뒤떨어져	stand **behind** me 나의 뒤에 서다 run **behind** 뒤에서 달리다
□ **in** 448 [in]	전 ~에[에서], ~ 안에 전 (특정 기간 동안) ~에	**in** my room 내 방에서 **in** April 4월에 **in** time 시간 맞춰, 늦지 않게
□ **on** 449 [ən]	전 ~ 위에, ~ 위로 전 (요일·날짜·때) ~에	**on** the table 탁자 위에 **on** Sunday 일요일에 **on** time 정각에
□ **without** 450 [wiðáut]	전 ~ 없이, ~하지 않고	We can't live **without** food. 우리는 음식 없이 살 수 없다.

Voca Up　　　**the + 형용사**

형용사 앞에 정관사 the를 붙이면 '~한 사람들'을 나타낸다.
EX. the(정관사) + poor(가난한) = the poor(가난한 사람들) = poor people
　　the + rich(부유한) = the rich(부유한 사람들) = rich people
　　the + young(어린) = the young(나이가 어린 사람들) = young people

77

정답 pp.170~175

A 빈칸에 알맞은 단어를 보기에서 골라 쓰세요. (형태 변경 가능)

> poor   tour   subway   send

1 Some foreigners got on the _____.

2 We will take a _____ by bus.

3 George did not _____ his letter to Pam.

4 They are _____ at baking cookies.

B 빈칸에 알맞은 말을 넣어 어구를 완성하세요.

1 _____ the building (건물에 들어오다)

2 cross a _____ (다리를 건너다)

3 be in _____ (유행하다)

4 stay _____ a hotel (호텔에 머물다)

5 play soccer _____ Friday (금요일에 축구를 하다)

C 다음 두 문장에 공통으로 들어갈 단어를 쓰세요.

1 Don't __w_____ your time.

It was a __w_____ of my money.

2 I __h_____ you win the race.

People cannot live without __h_____.

3 Please feel __f_____ to talk about it.

Where did you get the __f_____ ticket?

D 단어와 영어 뜻을 연결하세요. 영영풀이

1 waste   ·   · ⓐ to make full

2 foreigner ·   · ⓑ to use too much

3 fill   ·   · ⓒ to go inside

4 enter   ·   · ⓓ a person from another country

E 영어 단어를 듣고 받아 적은 후 그 단어의 뜻을 쓰세요. 받아쓰기 🎧

English	Korean	English	Korean
1		14	
2		15	
3		16	
4		17	
5		18	
6		19	
7		20	
8		21	
9		22	
10		23	
11		24	
12		25	
13			

MP3

□ **artist** 451
[ɑ́:rtist]
명 화가, 예술가
파 art 명 미술, 예술
a famous **artist** 유명한 화가

□ **corner** 452
[kɔ́:rnər]
명 모서리, 모퉁이, 구석
a **corner** of the desk 책상의 모서리
at the **corner** of the street 길 모퉁이에서

□ **earth** 453
[ə:rθ]
명 땅
명 지구
plant the flowers in the **earth** 땅에 꽃을 심다
Take care of the **Earth**. 지구를 돌보세요.

□ **energy** 454
[énərdʒi]
명 활기, 에너지
She has lots of **energy**. 그녀는 활기가 넘친다.

□ **exam** 455
[igzǽm]
명 시험
명 검사
take an **exam** 시험을 치르다
an eye **exam** 눈 검사

□ **floor** 456
[flɔ:r]
명 바닥, 층
My office is on the second **floor**.
내 사무실은 2층에 있다.

□ **flower** 457
[fláuər]
명 꽃, 화초
pick some **flowers** 꽃을 꺾다

□ **medicine** 458
[médisin]
명 의학, 약
파 medical 형 의학의
take **medicine** 약을 먹다

□ **mine** 459
[main]
명 광산
대 나의 것('I'의 소유 대명사)
a gold **mine** 금 광산
The toys are **mine**. 그 장난감들은 내 것이다.

□ **symbol** 460
[símbəl]
명 상징(물), 부호, 기호
a **symbol** of the country 그 국가의 상징

□ **cheer** 461
[tʃiər]
명 환호(성), 응원의 함성
동 환호하다
a happy **cheer** 기쁨의 환호성
cheer loudly for him 그에게 큰 소리로 환호하다

□ **look** 462
[luk]
명 보기, 살핌, 표정
동 바라보다, ~해 보이다
숙 look for ~을 찾다
take a **look** 한 번 보다
look out the window 창 밖을 내다보다

□ **ring** 463
[riŋ]
(rang - rung)
명 반지, 종소리
동 울리다, 전화하다
a gold **ring** 금반지
The bell **rings**. 벨이 울린다.

☐ **set** ⁴⁶⁴ [set] (set - set)	몡 세트, 무대 장치 통 놓다, 차리다	a **set** of cards 카드 한 세트 **set** the dishes on the table 접시를 식탁 위에 놓다
☐ **follow** ⁴⁶⁵ [fálou]	통 따라가다[오다], 뒤를 잇다 ⊕follower 몡 추종자	**follow** the leader 지도자를 따르다
☐ **grow** ⁴⁶⁶ [grou] (grew - grown)	통 커지다, 자라다 통 기르다, 재배하다	**grow** taller 키가 더 커지다 **grow** tomatoes 토마토를 기르다
☐ **bored** ⁴⁶⁷ [bɔːrd]	혱 지루해[따분해]하는	They look **bored**. 그들은 지루해 보인다.
☐ **brown** ⁴⁶⁸ [braun]	혱 갈색의, 갈색인 몡 갈색, 고동색	**brown** hair 갈색 머리 **Brown** is the best color for shoes. 갈색은 구두 색으로는 최고다.
☐ **lucky** ⁴⁶⁹ [lʌ́ki] (luckier - luckiest)	혱 운이 좋은, 다행한 ⊕luck 몡 운, 행운	I was **lucky** to win the race. 나는 운이 좋아 경주에서 이겼다.
☐ **sleepy** ⁴⁷⁰ [slíːpi]	혱 졸리는, 졸음이 오는 ⊕sleep 통 잠자다	a **sleepy** baby 졸음이 오는 아기
☐ **thirsty** ⁴⁷¹ [θə́ːrsti]	혱 목이 마른, 갈증이 나는	We were hungry and **thirsty**. 우리는 배고프고 목이 말랐다.
☐ **unhappy** ⁴⁷² [ʌnhǽpi]	혱 불행한, 불만족스러운 ⊕happy 혱 행복한, 기쁜	an **unhappy** life 불행한 인생
☐ **forever** ⁴⁷³ [fərévər]	뷔 영원히, 아주 오랜 시간	live **forever** 영원히 살다
☐ **only** ⁴⁷⁴ [óunli]	뷔 오직, 단지 혱 유일한, 단 하나의	I **only** love you. 나는 오직 당신만 사랑한다. an **only** child 외동 (아이)
☐ **quickly** ⁴⁷⁵ [kwíkli]	뷔 빨리, 빠르게, 곧 ⊕quick 혱 빠른, 신속한	run **quickly** 빠르게 달리다

Voca Up	un- + 형용사

형용사 앞에 접두사 un-을 붙이면 '~하지 않은'을 뜻하는 반의어가 되기도 한다.

EX. un(접두사) + happy(행복한, 기쁜) = unhappy(불행한, 불만족스러운) = not happy

un + able(할 수 있는) = unable(할 수 없는) = not able

un + fair(공평한) = unfair(불공평한) = not fair

EXERCISE

정답 pp.170~175

A 빈칸에 알맞은 단어를 보기에서 골라 쓰세요. (형태 변경 가능)

brown	floor	medicine	forever

1 No one can live _____.

2 The _____ dog is mine.

3 Did you take your _____ today?

4 There were some books on the _____.

B 빈칸에 알맞은 말을 넣어 어구를 완성하세요.

1 a _____ of love (사랑의 상징)

2 take a math _____ (수학 시험을 치르다)

3 a talented _____ (타고난 재능의 예술가)

4 _____ the dinner table (저녁 상을 차리다)

5 a _____ day for everyone (모두에게 운이 좋은 날)

C 우리말을 참고하여 문장 속에 알맞은 단어를 써 넣으세요.

1 The children were _____ at home. (아이들은 집에서 지루했다.)

2 This tree grows very _____. (이 나무는 아주 빨리 자란다.)

3 Take a _____ at this picture. (이 그림을 보세요.)

4 Turn left at the _____ of the street. (길 모퉁이에서 왼쪽으로 도세요.)

5 Laura was the _____ girl on the team.
(Laura는 그 팀에서 유일한 소녀였다.)

D 단어와 영어 뜻을 연결하세요. 영영풀이

1 follow ·   · ⓐ wanting to sleep

2 sleepy ·   · ⓑ not happy

3 thirsty ·   · ⓒ to go the same way

4 unhappy ·   · ⓓ wanting to drink

E 영어 단어를 듣고 받아 적은 후 그 단어의 뜻을 쓰세요. 받아쓰기 🎧

English	Korean	English	Korean
1		14	
2		15	
3		16	
4		17	
5		18	
6		19	
7		20	
8		21	
9		22	
10		23	
11		24	
12		25	
13			

□ **action** 476 [ǽkʃən]	명 행동, 행위 파 act 동 행동하다	a dangerous **action** 위험한 행동
□ **bank** 477 [bæŋk]	명 은행	money in the **bank** 은행에 있는 돈
□ **boat** 478 [bout]	명 배, 보트	row your **boat** 배에 노를 젓다
□ **midnight** 479 [mídnàit]	명 자정, 한밤중	He'll be home by **midnight**. 그는 자정까지 집에 돌아올 것이다. at **midnight** 한밤중에
□ **November** 480 [nouvémbər]	명 11월	See you in **November**. 11월에 만나요.
□ **office** 481 [ɔ́(:)fis]	명 사무실, 근무처	clean the **office** 사무실을 청소하다
□ **performance** [pərfɔ́ːrməns] 482	명 공연, 연주회 파 perform 동 공연하다	an exciting **performance** 신나는 공연 The **performance** starts at 6. 연주회는 6시에 시작한다.
□ **room** 483 [ru(:)m]	명 방, 공간	I have a small **room**. 내 방은 작다.
□ **speech** 484 [spiːtʃ]	명 연설, 담화 파 speak 동 말하다	give a **speech** 연설하다
□ **teenager** 485 [tíːnèidʒər]	명 십대	**Teenagers** like this movie. 십대들은 이 영화를 좋아한다.
□ **voice** 486 [vɔis]	명 목소리, 음성	a beautiful **voice** 아름다운 목소리
□ **weight** 487 [weit]	명 무게, 체중 파 weigh 동 무게가 나가다	gain[lose] **weight** 체중이 늘다[줄다]
□ **drop** 488 [drap] (dropped - dropped)	명 방울, 하락 동 떨어지다, 떨어뜨리다	**drops** of rain 빗방울 **drop** the cup on the floor 컵을 바닥에 떨어뜨리다

☐ **land** ⁴⁸⁹ [lænd]	몡 육지, 땅 통 내려앉다, 착륙하다	**land** animals 육지 동물들 The plane will **land** soon. 비행기가 곧 착륙할 것이다.
☐ **join** ⁴⁹⁰ [dʒɔin]	통 가입하다, 함께하다	**join** a club 동아리에 가입하다
☐ **clear** ⁴⁹¹ [kliər]	형 맑은, 분명한, 확실한 통 치우다, 맑아지다 파 clearly 분 분명히, 또렷하게	a **clear** sky 맑은 하늘 **clear** the table 식탁을 치우다
☐ **dark** ⁴⁹² [dɑːrk]	형 어두운, 캄캄한, 검은색의	a **dark** night 어두운 밤
☐ **dry** ⁴⁹³ [drai] (drier - driest)	형 건조한, 비가 오지 않는 통 마르다, 말리다	**dry** weather 건조한 날씨 **dry** the coat 외투를 말리다
☐ **yellow** ⁴⁹⁴ [jélou]	형 노란색의, 노란 몡 노란색, 노랑	Sunflowers are **yellow**. 해바라기는 노란색이다. I like **yellow**. 나는 노란색을 좋아한다.
☐ **ago** ⁴⁹⁵ [əgóu]	부 (얼마의 시간) 전에	three months **ago** 3개월 전에
☐ **anyway** ⁴⁹⁶ [éniwèi]	부 어쨌든, 하여간 유 anyhow	I will go **anyway**. 어쨌든 나는 갈 것이다.
☐ **less** ⁴⁹⁷ [les] (little - less - least)	부 더 적게, 덜하게 형 더 적은	**less** often 덜 자주 **less** money 더 적은 돈
☐ **over** ⁴⁹⁸ [óuvər]	부 너머, 건너 전 ~ 위에, 가로질러	jump **over** the fence 울타리 너머 점프하다 a bridge **over** the river 강을 가로지르는 다리
☐ **should** ⁴⁹⁹ [ʃud]	조 ~해야 한다	You **should** be kind to everyone. 모두에게 친절해야 한다.
☐ **would** ⁵⁰⁰ [wud]	조 (정중한 요청·제의에서) ~하시겠어요? 숙 would like to ~하고 싶다	**Would** you like a drink? 음료 드실래요?

Voca Up　　　**동사 + -ion = 명사**

동사에 접미사 -ion을 붙여서 명사가 되기도 한다.
EX. act(행동하다) + ion(접미사) = action(행동, 행위)
　　　suggest(제안하다) + ion = suggestion(제안)
　　　educate(교육하다) + ion = education(교육)

85

정답 pp.170~175

A 빈칸에 알맞은 단어를 보기에서 골라 쓰세요. (형태 변경 가능)

> join   drop   anyway   speech

1 The CEO gave a _____ to the employees.

2 Be careful not to _____ the dishes.

3 Jennifer will _____ the dance club.

4 They are tired, but they will come _____.

B 빈칸에 알맞은 말을 넣어 어구를 완성하세요.

1 in a soft _____ (부드러운 목소리로)

2 work in a _____ (은행에서 일하다)

3 people in the _____ (배에 탄 사람들)

4 tips for losing _____ (체중을 줄이기 위한 조언)

5 _____ like to give a speech (연설을 하고 싶다)

C 문장에 맞게 밑줄 친 단어의 뜻을 쓰세요.

1 It gets <u>dark</u> early in winter.

2 She studies <u>less</u> and sleeps more.

3 Did your plane <u>land</u> on time?

4 Please <u>clear</u> the table after dinner.

5 I have to share the <u>room</u> with my sister.

D 단어와 영어 뜻을 연결하세요. [영영풀이]

1 midnight ·   · ⓐ to make fall

2 teenager ·   · ⓑ with little or no light

3 dark ·   · ⓒ twelve o'clock at night

4 drop ·   · ⓓ a person between 13 and 19 years old

E 영어 단어를 듣고 받아 적은 후 그 단어의 뜻을 쓰세요. [받아쓰기] 🎧

English	Korean	English	Korean
1		14	
2		15	
3		16	
4		17	
5		18	
6		19	
7		20	
8		21	
9		22	
10		23	
11		24	
12		25	
13			

□ **glass** 501 [glæs]	명 유리, 유리잔 명 한 잔	a **glass** bottle 유리병 a **glass** of milk 우유 한 잔
□ **heart** 502 [hɑːrt]	명 심장, 가슴 명 마음, 가슴	have a weak **heart** 심장이 약하다 a heavy **heart** 무거운 마음
□ **January** 503 [ʤǽnjuèri]	명 1월, 정월 약 Jan.	at the end of **January** 1월 말에
□ **kitchen** 504 [kítʃin]	명 부엌, 주방	cook in the **kitchen** 부엌에서 요리하다
□ **lake** 505 [leik]	명 호수	swim in the **lake** 호수에서 수영하다 a beatiful **lake** 아름다운 호수
□ **map** 506 [mæp]	명 지도, 약도	check the **map** 지도를 확인하다 a world **map** 세계 지도
□ **morning** 507 [mɔ́ːrniŋ]	명 아침, 오전	in the **morning** 아침에 **morning** coffee 아침에 마시는 커피
□ **neck** 508 [nek]	명 목, (옷의) 목 부분	have a long **neck** 목이 길다
□ **nest** 509 [nest]	명 둥지, (작은 동물의) 집	a bird's **nest** 새의 둥지 leave a **nest** 둥지를 떠나다
□ **night** 510 [nait]	명 밤, 야간	go out at **night** 밤에 외출하다
□ **pianist** 511 [píænist]	명 피아니스트 파 piano 명 피아노	a great **pianist** 위대한 피아니스트
□ **quiz** 512 [kwiz]	명 퀴즈, 간단한 시험 복 quizzes	a television **quiz** show 텔레비전 퀴즈 프로그램
□ **circle** 513 [sə́ːrkl]	명 동그라미, 원형 동 동그라미를 그리다	draw a **circle** 동그라미를 그리다 **circle** the answer 정답에 동그라미 하다

□ **coach** 514 [koutʃ]	몡 (스포츠 팀의) 코치 통 코치하다, 지도하다	a basketball **coach** 농구 코치 **coach** young students 어린 학생들을 지도하다
□ **review** 515 [rivjúː]	몡 논평, 비평 통 재검토하다	a book **review** 서평 **review** the report 보고서를 재검토하다
□ **speed** 516 [spiːd]	몡 속도 통 빨리 가다	at high **speed** 높은 속도로 Can you **speed** up? 더 빨리 가주시겠어요?
□ **eat** 517 [iːt] (ate - eaten)	통 먹다, 식사하다	**eat** vegetables 야채를 먹다
□ **make** 518 [meik] (made - made)	통 만들다 통 일으키다	**make** a cake 케이크를 만들다 **make** noise 소음을 일으키다
□ **push** 519 [puʃ]	통 밀다, 밀치다	**push** the door 문을 밀다
□ **read** 520 [riːd] (read - read)	통 읽다, 판독하다	**read** a book 책을 읽다
□ **general** 521 [dʒénərəl]	혱 일반적인, 보통의 몡 장군 참 in general 일반적으로	a **general** way 일반적인 방식 My father was a **general**. 우리 아버지는 장군이었다.
□ **gray** 522 [grei]	혱 회색의, 우중충한 몡 회색, 잿빛 참 grey (영국에서 주로 사용)	beautiful **gray** hair 아름다운 회색 머리 She was dressed in **gray**. 그녀는 회색 옷을 입고 있었다.
□ **pleased** 523 [pliːzd]	혱 기쁜, 만족해하는 파 please 통 기쁘게 하다	I'm **pleased** to hear that. 그것을 들으니 기쁘다.
□ **for** 524 [fər]	전 ~을 위한, ~을 위해, ~에 대해 전 (기간) ~ 동안	a book **for** children 아이들을 위한 책 **for** two days 이틀 동안
□ **from** 525 [frəm]	전 ~에서(부터), ~ 출신의	a letter **from** my friend 친구에게 온 편지

Voca Up	동사 read의 발음

read는 과거형과 과거분사형의 철자가 동사원형과 같지만, 발음이 다르다.
동사원형 read[riːd], 과거형/과거분사형 read[red]
EX. We read books every day. (우리는 매일 책을 읽는다.)
We read books yesterday. (우리는 어제 책을 읽었다.)

EXERCISE

정답 pp.170~175

A 빈칸에 알맞은 단어를 보기에서 골라 쓰세요. (형태 변경 가능)

glass	eat	for	morning

1 They do not _____ meat.

2 Let me have a _____ of water.

3 Let's make a cake _____ Josh.

4 We got up late this _____.

B 빈칸에 알맞은 말을 넣어 어구를 완성하세요.

1 be _____ to meet you (당신을 만나서 기쁘다)

2 look at the _____ (지도를 보다)

3 start to _____ letters (글자를 읽기 시작하다)

4 get cold at _____ (밤에 추워진다)

5 have a _____ tomorrow (내일 간단한 시험이 있다)

C 문장에 맞게 밑줄 친 단어의 뜻을 쓰세요.

1 Read the question and <u>circle</u> the answer.

2 This movie has a good <u>review</u>.

3 The <u>speed</u> of the Internet is very slow.

4 Do you want to <u>coach</u> a soccer team?

5 Here are some <u>general</u> rules for children.

D 단어와 영어 뜻을 연결하세요. 영영풀이

1 January ·   · ⓐ happy

2 pleased ·   · ⓑ how fast something moves

3 pianist ·   · ⓒ someone who plays the piano

4 speed ·   · ⓓ the first month of the year

E 영어 단어를 듣고 받아 적은 후 그 단어의 뜻을 쓰세요. 받아쓰기 🎧

	English	Korean		English	Korean
1			14		
2			15		
3			16		
4			17		
5			18		
6			19		
7			20		
8			21		
9			22		
10			23		
11			24		
12			25		
13					

MP3

☐ **house** 526
[haus]
몡 집, 주택
a big **house** 큰 집

☐ **magic** 527
[mǽdʒik]
몡 마법, 마술
혱 마법[마술]의
🔁 magician 몡 마술사, 마법사
He uses **magic**. 그는 마술을 쓴다.
a **magic** wand 마술 지팡이

☐ **palace** 528
[pǽlis]
몡 궁전, 왕실
a **palace** for a king 왕을 위한 궁전

☐ **pilot** 529
[páilət]
몡 조종사, 비행사
A **pilot** flies a plane. 조종사는 비행기를 조종한다.

☐ **racket** 530
[rǽkit]
몡 (테니스 등의) 라켓
a new badminton **racket** 새 배드민턴 라켓

☐ **salt** 531
[sɔːlt]
몡 소금
🔁 salty 혱 소금이 든, 짠
Do not eat too much **salt**.
소금을 너무 많이 먹지 마세요.

☐ **skirt** 532
[skəːrt]
몡 치마
a long **skirt** 긴 치마

☐ **spring** 533
[spriŋ]
몡 봄
몡 용수철, 스프링
spring flowers 봄꽃들
bed **springs** 침대 스프링

☐ **world** 534
[wəːrld]
몡 세계, 세상
🔁 worldwide 혱 전 세계적인
travel all over the **world** 세계 곳곳을 여행하다

☐ **coin** 535
[kɔin]
몡 동전, 주화
동 (새로운 말을) 만들다
collect old **coins** 옛날 동전을 수집하다
He **coined** a new word. 그는 새로운 단어를 만들었다.

☐ **rule** 536
[ruːl]
몡 규칙, 원칙, 지배
동 통치하다, 지배하다
follow the **rules** 규칙을 따르다
The king **ruled** the country. 왕이 그 나라를 통치했다.

☐ **score** 537
[skɔːr]
몡 득점, 점수
동 득점을 올리다, 득점하다
a high **score** 높은 득점
score a goal 득점하다

☐ **shop** 538
[ʃɑp]
(shopped - shopped)
몡 가게, 상점
동 사다, 쇼핑하다
🔁 shopper 몡 쇼핑객
a clothing **shop** 옷 가게
shop for food 음식을 사다

☐ **test** 539 [test]	명 시험, 테스트, 검사 동 시험하다, 검사하다	pass the **test** 시험에 합격하다 **test** my eyesight 시력을 검사하다
☐ **buy** 540 [bai] (bought - bought)	동 사다, 구입하다	**buy** a new car 새 자동차를 구입하다
☐ **get** 541 [get] (got - gotten)	동 받다, 얻다, 구하다	**get** a ticket 표를 받다
☐ **lose** 542 [luːz] (lost - lost)	동 잃다, 잃어버리다	**lose** a tooth 이가 한 개 빠지다 I **lost** my keys. 나는 열쇠를 잃어버렸다.
☐ **tell** 543 [tel] (told - told)	동 (말·글로) 알리다, 전하다, 말하다	**tell** a secret 비밀을 말하다
☐ **curly** 544 [kə́ːrli]	형 곱슬곱슬한 파 curl 동 곱슬곱슬하다	**curly** hair 곱슬곱슬한 머리
☐ **nice** 545 [nais]	형 좋은, 멋진	have a **nice** time 좋은 시간을 보내다 a **nice** young man 멋진 젊은 남자
☐ **outdoor** 546 [áutdɔ̀ːr]	형 옥외의, 야외의 반 indoor 형 실내의, 실내용의	**outdoor** activities 야외 활동
☐ **polite** 547 [pəláit]	형 예의 바른, 공손한 파 politely 부 예의 바르게	They are very **polite**. 그들은 아주 예의가 바르다.
☐ **anyone** 548 [éniwʌn]	대 누구, 아무나	Did they see **anyone**? 그들이 누군가를 봤나요?
☐ **someone** 549 [sʌ́mwʌn]	대 어떤 사람, 누구	There was **someone** at the door. 문에 어떤 사람이 있었다.
☐ **which** 550 [hwitʃ]	대 어떤 사람, 어떤 것 형 어느, 어떤	**Which** is better, this or that? 이것과 저것 중에서 어떤 것이 더 나은가요? **Which** way should we go? 우리는 어느 길로 가야 하나요?

Voca Up   명사 + -ian = 사람

명사에 접미사 -ian을 붙여서 '~하는 사람'을 나타내기도 한다.
EX. magic(마법) + ian(접미사) = magician(마술사)
　　music(음악) + ian = musician(음악가)
　　library(도서관) + ian = librarian(도서관 사서)

EXERCISE

정답 pp.170~175

A 빈칸에 알맞은 단어를 보기에서 골라 쓰세요. (형태 변경 가능)

> buy   coin   skirt   anyone

1 Emma usually wears a long _____.

2 Let's _____ a new racket for Michael.

3 Does _____ have a question?

4 The magician needs a _____ for the trick.

B 빈칸에 알맞은 말을 넣어 어구를 완성하세요.

1 have _____ hair (곱슬머리다)

2 believe in _____ (마술을 믿는다)

3 travel around the _____ (세계 일주 여행을 하다)

4 go to an _____ restaurant (야외 식당에 가다)

5 be _____ to others (다른 사람들에게 예의 바르다)

C 문장에 맞게 밑줄 친 단어의 뜻을 쓰세요.

1 Did you <u>test</u> the new password?

2 The first <u>rule</u> is to be kind to your friends.

3 Did you <u>coin</u> the word?

4 The team did not <u>score</u> in this game.

5 <u>Which</u> do you want, milk or juice?

D 단어와 영어 뜻을 연결하세요. 영영풀이

1 shop ·   · ⓐ to win a point or goal

2 score ·   · ⓑ to look for things to buy

3 house ·   · ⓒ season between winter and summer

4 spring ·   · ⓓ a building people live in

E 영어 단어를 듣고 받아 적은 후 그 단어의 뜻을 쓰세요. 받아쓰기 🎧

English	Korean	English	Korean
1		14	
2		15	
3		16	
4		17	
5		18	
6		19	
7		20	
8		21	
9		22	
10		23	
11		24	
12		25	
13			

□ **band** 551 [bænd]	명 악단, (대중음악) 밴드	a jazz **band** 재즈 밴드
□ **branch** 552 [bræntʃ]	명 나뭇가지 명 지사, 분점 복 branches	fruit on the **branch** 나뭇가지 위의 열매 **branches** in Texas Texas의 지사들
□ **date** 553 [deit]	명 날짜, 데이트	What's the **date** today? 오늘 날짜가 며칠인가요?
□ **key** 554 [ki:]	명 열쇠, 키 형 가장 중요한, 핵심적인	look for my **key** 나의 열쇠를 찾다 the **key** point 가장 중요한 요점
□ **football** 555 [fútbɔ̀:l]	명 축구, 축구공 유 soccer	a **football** player 축구 선수
□ **forest** 556 [fɔ́(:)rist]	명 숲, 산림	a dark **forest** 어두운 숲
□ **letter** 557 [létər]	명 편지 명 글자, 문자	write a **letter** 편지를 쓰다 Put the missing **letters** in the word. 그 단어에 빠진 글자를 넣으세요.
□ **machine** 558 [məʃí:n]	명 기계	a useful **machine** 유용한 기계
□ **nose** 559 [nouz]	명 코	a long **nose** 기다란 코
□ **pond** 560 [pɑnd]	명 연못	swim in the **pond** 연못에서 수영하다
□ **Thursday** 561 [θə́:rzdei]	명 목요일 약 Thu., Thurs.	I'll see you on **Thursday**. 목요일에 만나자.
□ **wall** 562 [wɔːl]	명 담, 벽	a picture on the **wall** 벽 위의 그림
□ **pay** 563 [pei] (paid - paid)	명 보수, 급료 동 (물건 값을) 지불하다 참 pay for 대금을 지불하다	My **pay** is not good. 내 보수는 좋지 않다. **pay** for dinner 저녁 값을 지불하다
□ **sound** 564 [saund]	명 소리, 음 동 ~인 것 같다, ~처럼 들리다	a high **sound** 높은 소리 He **sounds** very angry. 그는 아주 화가 난 것 같다.

☐ **jog** ⁵⁶⁵ [dʒɑg] (jogged - jogged)	통 조깅하다	**jog** in the park 공원에서 조깅하다
☐ **protect** ⁵⁶⁶ [prətékt]	통 보호하다, 지키다 🔤 protection 명 보호	**protect** the country 나라를 지키다
☐ **green** ⁵⁶⁷ [gri:n]	형 초록색의 명 초록색	**green** grass 초록색 잔디 My favorite color is **green**. 내가 가장 좋아하는 색은 초록색이다.
☐ **smooth** ⁵⁶⁸ [smu:ð]	형 매끈한, 부드러운 🔤 smoothly 부 부드럽게	**smooth** skin 매끈한 피부
☐ **third** ⁵⁶⁹ [θə:rd]	형 셋째의, 제3의 🔢 three 3, 셋	I am in **third** grade. 나는 3학년이다.
☐ **ugly** ⁵⁷⁰ [ʌ́gli] (uglier - ugliest)	형 못생긴, 추한	look **ugly** 못생겨 보이다
☐ **weekly** ⁵⁷¹ [wí:kli]	형 매주의, 주간의, 주 1회의 🔤 week 명 일주일	a **weekly** report 주간 보고서
☐ **young** ⁵⁷² [jʌŋ]	형 어린, 젊은, 덜 성숙한	**young** students 어린 학생들
☐ **across** ⁵⁷³ [əkrɔ́:s]	전 가로질러, 건너편에	There is a bank **across** the street. 길 건너편에 은행이 있다.
☐ **against** ⁵⁷⁴ [əgénst]	전 ~에 반대하여, ~에 맞서	It is **against** the rules. 그것은 규칙에 어긋난다.
☐ **inside** ⁵⁷⁵ [insáid]	전 ~ 안에, ~ 안으로 명 안(쪽), 내부 🔄 outside 전 밖에 명 바깥(쪽)	**inside** the house 집 안으로 **inside** of the box 상자 안쪽

Voca Up	명사 + -ly = 형용사

일정 기간을 뜻하는 명사에 접미사 -ly를 붙이면 '매 기간의, 기간에 한 번'을 나타내는 형용사가 된다.

EX. week(일주일) + ly(접미사) = weekly(매주의, 일주일에 한 번의)

day(하루, 날) + ly = daily(매일의)

month(한 달, 월) + ly = monthly(매월의, 한 달에 한 번)

EXERCISE

정답 pp.170~175

A 빈칸에 알맞은 단어를 보기에서 골라 쓰세요. (형태 변경 가능)

| ugly | machine | pay | forest |

1 Some animals live in the _____.

2 Who will _____ for dinner tonight?

3 The _____ duckling swam in the pond.

4 Do you know how to use this _____?

B 빈칸에 알맞은 말을 넣어 어구를 완성하세요.

1 _____ young children (어린 아이들을 지키다)

2 a village _____ the forest (숲 건너편에 있는 마을)

3 have _____ meetings (주간 회의를 갖다)

4 singing birds on the _____ (나뭇가지 위에서 노래하는 새들)

5 paint the _____ green (벽을 초록색으로 칠하다)

C 다음 두 문장에 공통으로 들어갈 단어를 쓰세요.

1 Can you hear the __s_____?
He doesn't __s_____ happy.

2 What's the __k_____ point of your speech?
Kelly lost her __k_____ in the park yesterday.

3 I looked at the __i_____ of the car.
Did they go __i_____ the room?

D 단어와 영어 뜻을 연결하세요. 영영풀이

1 jog   •   • ⓐ after Wednesday and before Friday

2 protect   •   • ⓑ every week

3 weekly   •   • ⓒ to keep safe

4 Thursday •   • ⓓ to run slowly

E 영어 단어를 듣고 받아 적은 후 그 단어의 뜻을 쓰세요. 받아쓰기 🎧

English	Korean	English	Korean
1		14	
2		15	
3		16	
4		17	
5		18	
6		19	
7		20	
8		21	
9		22	
10		23	
11		24	
12		25	
13			

□ **belt** 576
[belt]
명 허리띠, 벨트
fasten a **belt** 벨트를 매다

□ **breath** 577
[breθ]
명 숨, 입김
take a deep **breath** 깊은 숨을 쉬다
breathe 통 호흡하다, 숨을 쉬다

□ **butterfly** 578
[bʌ́tərflài]
명 나비
명 (수영의) 접영
catch a **butterfly** 나비를 잡다
swim the **butterfly** 접영을 하다

□ **camel** 579
[kǽməl]
명 낙타
The **camel** has two humps.
그 낙타는 두 개의 혹이 있다.

□ **captain** 580
[kǽptin]
명 선장, 기장, 주장
I'm the school baseball **captain**.
나는 학교 야구부 주장이다.

□ **garbage** 581
[gɑ́:rbidʒ]
명 쓰레기, 쓰레기통
trash 명 쓰레기
throw out the **garbage** 쓰레기를 버리다

□ **grandfather**
[grǽndfɑ̀:ðər] 582
명 할아버지
My **grandfather** is tall. 우리 할아버지는 키가 크다.

□ **meeting** 583
[mí:tiŋ]
명 회의, 만남
meet 통 만나다, 모이다
have a **meeting** 회의를 하다
a daily **meeting** 매일하는 회의

□ **moon** 584
[mu:n]
명 달
Look at the **moon**. 달을 보세요.
a full **moon** 보름달

□ **season** 585
[sí:zən]
명 계절
명 (1년 중의 특별한) 철, 시즌
four **seasons** 사계절
a ski **season** 스키를 타는 시즌

□ **finish** 586
[fíniʃ]
명 마지막 부분, 끝
통 끝내다, 마치다
a finish line 결승선
an exciting **finish** 흥미진진한 마지막 부분
finish the meal quickly 식사를 빨리 끝내다

□ **march** 587
[mɑːrtʃ]
명 행진, 행군, 가두시위
통 행진하다, 행군하다
a long **march** 긴 행군
They **march** together. 그들은 함께 행진한다.

□ **note** 588
[nout]
명 메모, 편지, 주석
통 ~에 주목하다, 언급하다
make a **note** 메모하다
note the information 정보에 주목하다

☐ **promise** ⁵⁸⁹ [prámis]	명 약속 동 약속하다	keep a **promise** 약속을 지키다 **promise** to come 오기로 약속하다
☐ **start** ⁵⁹⁰ [staːrt]	명 시작, 출발 동 시작하다, 시동을 걸다	the **start** of the race 경주의 시작 **start** the game 게임을 시작하다
☐ **boil** ⁵⁹¹ [bɔil]	동 끓다, 끓이다	**boil** the water 물을 끓이다
☐ **find** ⁵⁹² [faind] (found - found)	동 찾다, 발견하다	**find** a nice place 좋은 장소를 찾다
☐ **reach** ⁵⁹³ [riːʧ]	동 ~에 이르다[도달하다]	We will **reach** the city soon. 우리는 곧 그 도시에 도착할 것이다.
☐ **sit** ⁵⁹⁴ [sit] (sat - sat)	동 앉다, 앉아 있다	**sit** on the chair 의자에 앉다 **sit** at the table 식탁에 앉다
☐ **central** ⁵⁹⁵ [séntrəl]	형 중앙의 형 가장 중요한 파 center 명 중앙, 한가운데	a **central** location 중심 위치 a **central** role 가장 중요한 역할
☐ **clever** ⁵⁹⁶ [klévər]	형 영리한, 기발한	a **clever** student 영리한 학생
☐ **cloudy** ⁵⁹⁷ [kláudi]	형 흐린, 구름이 잔뜩 낀 파 cloud 명 구름	a **cloudy** day 구름이 잔뜩 낀 날
☐ **good** ⁵⁹⁸ [gud] (better - best)	형 좋은, 즐거운, 다행스러운 형 잘 하는	a **good** idea 좋은 생각 He is **good** at singing. 그는 노래를 잘 부른다.
☐ **perfect** ⁵⁹⁹ [pə́ːrfikt]	형 완벽한, 완전한, 최적의 파 perfectly 부 완벽하게	play a **perfect** game 완벽한 게임을 하다
☐ **some** ⁶⁰⁰ [sʌm]	형 조금, 약간의, 일부의 대 몇몇, 조금, 일부	have **some** food 약간의 음식을 먹다 Give me **some**. 나에게 조금 주세요.

Voca Up	동사 + -ing = 명사

동사에 -ing를 붙이면 동명사나 분사가 되지만, 접미사 -ing를 붙여서 새로운 명사를 만들기도 한다.
EX. meet(만나다) + ing(접미사) = meeting(회의, 모임)
　　 build(짓다) + ing = building(건물)
　　 open(열다) + ing = opening(개막식, 시작 부분)

EXERCISE

정답 pp.170~175

A 빈칸에 알맞은 단어를 보기에서 골라 쓰세요. (형태 변경 가능)

butterfly	find	moon	sit

1 We can't _____ the way to Central Park.

2 Look at the full _____ in the sky.

3 Alex wants to _____ next to me in class.

4 Did you catch a _____ near the pond?

B 빈칸에 알맞은 말을 넣어 어구를 완성하세요.

1 pick up the _____ (쓰레기를 줍다)

2 time to start the _____ (회의를 시작할 시간)

3 _____ weather for skiing (스키 타기에 완벽한 날씨)

4 _____ the airport on time (제시간에 공항에 도착하다)

5 hold my _____ for a moment (잠깐 동안 숨을 참다)

C 문장에 맞게 밑줄 친 단어의 뜻을 쓰세요.

1 I did not write the <u>note</u>.

2 <u>Some</u> of them were riding camels.

3 We <u>promise</u> to visit Elliot next week.

4 What time did you <u>finish</u> your homework?

5 They started a long <u>march</u> to the palace.

D

단어와 영어 뜻을 연결하세요. 영영풀이

1 finish   ·   · ⓐ in the center

2 grandfather ·   · ⓑ to end

3 central   ·   · ⓒ a leader of a team

4 captain   ·   · ⓓ the father of your mother or father

E

영어 단어를 듣고 받아 적은 후 그 단어의 뜻을 쓰세요. 받아쓰기 🎧

English	Korean	English	Korean
1		14	
2		15	
3		16	
4		17	
5		18	
6		19	
7		20	
8		21	
9		22	
10		23	
11		24	
12		25	
13			

□ **bottle** 601 [bάtl]	명 병, 한 병	a **bottle** of milk 우유 한 병
□ **dentist** 602 [déntist]	명 치과 의사	He is a nice **dentist**. 그는 좋은 치과 의사다.
□ **hometown** 603 [hóumtáun]	명 고향	I visited my **hometown** last year. 나는 작년에 고향을 방문했다.
□ **island** 604 [áilənd]	명 섬	We landed on a small **island**. 우리는 작은 섬에 착륙했다.
□ **jeans** 605 [dʒi:nz]	명 데님[진]바지, 면바지	wear **jeans** 데님바지를 입다 blue **jeans** 청바지
□ **lady** 606 [léidi]	명 여자분, 숙녀 ⊕ ladies	A **lady** sat on the bus. 한 여자분이 버스에 앉아 있었다.
□ **mushroom** 607 [mʌʃru(:)m]	명 버섯	pick some **mushrooms** 버섯을 조금 따다
□ **party** 608 [pά:rti]	명 파티 명 단체 ⊕ parties	a birthday **party** 생일 파티 a **party** of 20 students 20명의 학생으로 구성된 단체
□ **shoulder** 609 [ʃóuldər]	명 어깨, (옷의) 어깨	have strong **shoulders** 강한 어깨를 가지고 있다
□ **sock** 610 [sɑk]	명 양말 ⊕ a pair of socks 양말 한 켤레	I lost a **sock**. 나는 양말 한 짝을 잃어버렸다.
□ **star** 611 [stɑ:r]	명 별 명 스타	a big **star** in the sky 하늘의 큰 별 be a big **star** 대스타가 되다
□ **talent** 612 [tǽlənt]	명 재주, 재능 ⊕ talented 형 재능이 있는	my **talent** for music 음악에 대한 나의 재능
□ **rain** 613 [rein]	명 비, 빗물 동 비가 오다	play soccer in the **rain** 빗속에서 축구를 하다 It will **rain** tomorrow. 내일 비가 올 것이다.
□ **shape** 614 [ʃeip]	명 모양, 형태 동 모양으로 만들다	a strange **shape** 이상한 모양 **shape** the snow into balls 눈을 공 모양으로 만들다

□ **begin** ⁶¹⁵ [bigín] (began - begun)	통 시작하다, 시작되다	**begin** to sing 노래하기 시작하다
□ **fix** ⁶¹⁶ [fiks]	통 고치다, 수리하다	**fix** the car 자동차를 고치다
□ **receive** ⁶¹⁷ [risí:v]	통 받다, 받아들이다	**receive** a phone call 전화를 받다
□ **asleep** ⁶¹⁸ [əslí:p]	형 잠이 든, 자고 있는 🔵 fall asleep 잠이 들다	They were still **asleep**. 그들은 여전히 자고 있었다.
□ **best** ⁶¹⁹ [best]	형 최고의, 제일 좋은 부 가장, 가장 뛰어나게[잘]	the **best** swimmer 최고의 수영 선수 I like swimming **best**. 나는 수영을 가장 좋아한다.
□ **high** ⁶²⁰ [hai]	형 높은, 높이가 ~인 부 높이, 높은 곳으로	a **high** mountain 높은 산 jump **high** 높이 뛰어오르다
□ **Italian** ⁶²¹ [itǽljən]	형 이탈리아(인[어])의 명 이탈리아인, 이탈리아어 🔴 Italy 명 이탈리아	**Italian** food 이탈리아 음식 speak **Italian** 이탈리아어를 말하다
□ **safe** ⁶²² [seif]	형 안전한, 위험하지 않은 명 금고 🔴 safely 부 안전하게, 무사히	My house is very **safe**. 나의 집은 아주 안전하다. put money in the **safe** 돈을 금고에 넣다
□ **wide** ⁶²³ [waid]	형 넓은, 다양한 부 완전히, 활짝 🔴 widen 통 넓히다, 넓어지다	a **wide** street 넓은 길 Open your mouth **wide**. 입을 완전히 벌리세요.
□ **possible** ⁶²⁴ [pásəbl]	형 가능한, 있을 수 있는	Anything is **possible**. 무엇이든 가능하다.
□ **suddenly** ⁶²⁵ [sʌ́dnli]	부 갑자기, 급작스럽게 🔴 sudden 형 급작스러운	**Suddenly** the bus stopped. 갑자기 버스가 멈췄다.

Voca Up	서술어로만 쓰이는 형용사

asleep과 같이 명사를 앞에서 수식하지 못하고 서술적 용법으로만 쓰이는 형용사가 있다.

EX. asleep 자고 있는 　The girl was **asleep**. (O) 　the asleep girl (X)
　　 awake 깨어 있는 　The boy was **awake**. (O) 　the awake boy (X)
　　 alive 살아 있는 　The dog was **alive**. (O) 　the alive dog (X)

EXERCISE

정답 pp.170~175

A 빈칸에 알맞은 단어를 보기에서 골라 쓰세요. (형태 변경 가능)

talent	possible	suddenly	wide

1 Is it _____ to fix this watch?

2 _____ it started to rain.

3 The children live on a _____ street.

4 Some people have a special _____ for music.

B 빈칸에 알맞은 말을 넣어 어구를 완성하세요.

1 fall _____ quickly (빨리 잠이 들다)

2 hurt my _____ (어깨를 다치다)

3 _____ a letter from Italy (이탈리아에서 편지를 받다)

4 feel _____ in the house (집에서 안전하게 느끼다)

5 an _____ in the lake (호수에 있는 섬)

C 다음 두 문장에 공통으로 들어갈 단어를 쓰세요.

1 He is the b_____ dentist in the world.
   She sings b_____ in her class.

2 A butterfly grows and changes its s_____.
   Did you s_____ the clay into a ball?

3 I did not get a h_____ score in English.
   The ball flies h_____ over the tree.

D 단어와 영어 뜻을 연결하세요. 영영풀이

1 asleep ·   · ⓐ water falling from clouds

2 begin ·   · ⓑ to get something

3 rain ·   · ⓒ sleeping

4 receive ·   · ⓓ to start

E 영어 단어를 듣고 받아 적은 후 그 단어의 뜻을 쓰세요. 받아쓰기 🎧

English	Korean	English	Korean
1		14	
2		15	
3		16	
4		17	
5		18	
6		19	
7		20	
8		21	
9		22	
10		23	
11		24	
12		25	
13			

DAY 26

MP3

☐ **allowance** 626 [əláuəns]	명 용돈 명 허용량 🔤 allow 통 허락하다	an **allowance** for a week 일주일 용돈 a daily **allowance** of vitamins 비타민 1일 허용량
☐ **amusement park** 627 [əmjúːzmənt paːrk]	명 놀이공원	rides at the **amusement park** 놀이공원에 있는 놀이기구들
☐ **apartment** 628 [əpáːrtmənt]	명 아파트, (휴양지) 콘도	a new **apartment** 새 아파트
☐ **August** 629 [ɔ́ːgəst]	명 8월 약 Aug.	The weather is hot in **August**. 8월에는 날씨가 덥다.
☐ **back** 630 [bæk]	명 등, 허리, 뒤쪽 부 뒤로, 과거로	hurt my **back** 등을 다치다 step **back** 뒤로 물러서다
☐ **chopstick** 631 [tʃɑ́pstik]	명 젓가락 (한 짝)	use **chopsticks** 젓가락을 사용하다
☐ **hole** 632 [houl]	명 구멍, 구덩이	a **hole** in the pocket 주머니에 있는 구멍
☐ **nickname** 633 [níknèim]	명 별명	a funny **nickname** 재미있는 별명
☐ **role** 634 [roul]	명 역할, 배역	play a **role** 역할을 하다
☐ **sale** 635 [seil]	명 판매, 할인 판매	on **sale** 판매되는 The **sale** starts today. 할인 판매가 오늘 시작한다.
☐ **skill** 636 [skil]	명 솜씨, 기술 🔤 skilful 형 숙련된, 솜씨 좋은	My driving **skills** are not good. 내 운전 솜씨는 좋지 않다.
☐ **trouble** 637 [trʌ́bl]	명 문제, 골칫거리	have much **trouble** 많은 문제가 있다 get in **trouble** 곤란해지다, 곤경에 처하다
☐ **twin** 638 [twin]	명 쌍둥이 (중의 한 명) 형 쌍둥이의	They are **twins**. 그들은 쌍둥이다. my **twin** brother 내 쌍둥이 형

☐ **button** 639 [bʌ́tən]	명 (옷의) 단추, 버튼 동 단추를 잠그다	press the stop **button** 정지 버튼을 누르다 **button** up a jacket 재킷의 단추를 잠그다
☐ **care** 640 [kɛər]	명 돌봄, 보살핌, 주의 동 관심을 가지다, 상관하다 🔗 take care of ~을 돌보다	my mother's **care** 우리 어머니의 보살핌 **care** about animals 동물에 대해 관심을 갖다
☐ **tear** 641 명 [tiər] 동 [tɛər] (tore - torn)	명 눈물, 울음 동 찢다, 뜯다	**tears** of joy 기쁨의 눈물 **tear** the paper 종이를 찢다
☐ **forgive** 642 [fərgív] (forgave - forgiven)	동 용서하다 🔗 forgivable 형 용서할 만한	I can't **forgive** them. 나는 그들을 용서할 수 없다.
☐ **black** 643 [blæk]	형 검은, 어두운 명 검은색, 어두움	wear **black** clothes 검은 옷을 입다 the **black** of the night 밤의 어두움
☐ **fair** 644 [fɛər]	형 공평한, 타당한 🔗 unfair 형 불공평한	It was **fair** to everyone. 그것은 모두에게 공평했다.
☐ **flat** 645 [flæt] (flatter - flattest)	형 평평한, 편평한	The ice rink was **flat**. 아이스링크가 평평했다.
☐ **most** 646 [moust]	형 대부분의 대 대부분	**Most** houses are old. 대부분의 집들이 오래되었다. **Most** of them were happy. 그들 대부분은 행복했다.
☐ **red** 647 [red]	형 빨간(색의), 붉은 명 빨강, 빨간색	His face was **red**. 그의 얼굴은 붉었다. **Red** is a strong color. 빨간색은 강렬한 색이다.
☐ **wild** 648 [waild]	형 야생의, 자연 그대로의 🔗 wildness 명 야생, 난폭	**wild** animals 야생 동물들
☐ **blind** 649 [blaind]	형 눈이 먼, 맹인인	books for the **blind** 맹인들을 위한 책
☐ **later** 650 [léitər]	부 나중에, 후에 🔗 late 부 늦게, 말에 형 늦은	He **later** became a writer. 그는 나중에 작가가 되었다.

Voca Up　　　　**동사 + -ance = 명사**

동사에 접미사 -ance를 붙여서 명사가 되기도 한다.
EX. allow(허락하다) + ance(접미사) = allowance(용돈, 허용량)
　　perform(공연하다) + ance = performance(공연)
　　attend(참석하다) + ance = attendance(참석, 출석)

EXERCISE

정답 pp.170~175

A 빈칸에 알맞은 단어를 보기에서 골라 쓰세요. (형태 변경 가능)

later	fair	care	allowance

1 His _____ is five dollars per week.

2 I _____ about wild animals.

3 Jessica _____ became a good doctor.

4 My teacher was always _____ to everyone.

B 빈칸에 알맞은 말을 넣어 어구를 완성하세요.

1 get in big _____ (큰 곤란에 처하다)

2 _____ my mistake (내 실수를 용서하다)

3 have a cute _____ (귀여운 별명을 가지고 있다)

4 _____ of the classmates (반 친구들 대부분)

5 a school for _____ students (맹인 학생들을 위한 학교)

C 우리말을 참고하여 문장 속에 알맞은 단어를 써 넣으세요.

1 Tom cannot _____ his shirt. (Tom은 셔츠의 단추를 잠그지 못한다.)

2 The store is having a _____ now. (그 가게는 지금 할인 판매 중이다.)

3 She lost her mom at the _____.
(그녀는 놀이공원에서 엄마를 잃어버렸다.)

4 My dog likes to dig a _____. (내 개는 구멍 파는 것을 좋아한다.)

5 Amanda plays an important _____ on the team.
(Amanda는 팀에서 중요한 역할을 한다.)

D 단어와 영어 뜻을 연결하세요. 영영풀이

1 blind •　　　　　• ⓐ more than any other

2 trouble •　　　　　• ⓑ cannot see

3 August •　　　　　• ⓒ problems

4 most •　　　　　• ⓓ between July and September

E 영어 단어를 듣고 받아 적은 후 그 단어의 뜻을 쓰세요. 받아쓰기 🎧

English	Korean	English	Korean
1		14	
2		15	
3		16	
4		17	
5		18	
6		19	
7		20	
8		21	
9		22	
10		23	
11		24	
12		25	
13			

40일 완성

DAY 27

□ **bicycle** 651 [báisikl]	[명] 자전거 [유] bike [명] 자전거, 오토바이	go to school by **bicycle** 자전거를 타고 학교에 가다
□ **blanket** 652 [blǽŋkit]	[명] 담요	This **blanket** will keep you warm. 이 담요가 당신을 따뜻하게 해 줄 것이다.
□ **body** 653 [bɑ́di]	[명] 몸, 신체	He has a strong **body**. 그는 튼튼한 몸을 가지고 있다.
□ **city** 654 [síti]	[명] 도시	a big **city** 큰 도시 **city** hall 시청
□ **clock** 655 [klɑk]	[명] 시계 [참] o'clock [부] ~시	The **clock** is fast. 그 시계는 빠르다.
□ **color** 656 [kʌ́lər]	[명] 색(깔), 빛깔 [파] colorful [형] 형형색색의	my favorite **color** 내가 가장 좋아하는 색
□ **dollar** 657 [dɑ́lər]	[명] 달러, 1달러	have five **dollars** 5달러를 가지고 있다 the US **dollar** 미국 달러
□ **door** 658 [dɔːr]	[명] 문 [명] 집	open the **door** 문을 열다 live next **door** 옆집에 산다
□ **finger** 659 [fíŋgər]	[명] 손가락	draw a line with a **finger** 손가락으로 선을 그리다
□ **fire station** 660 [fáiər stèiʃən]	[명] 소방서	There is a **fire station** at the corner. 모퉁이에 소방서가 있다.
□ **waist** 661 [weist]	[명] 허리, 허리 부분	Put your hands on your **waist**. 허리 위에 손을 올리세요.
□ **burn** 662 [bəːrn] (burned - burned / burnt - burnt)	[명] 화상, 덴 자국 [동] 태우다, 타오르다	a **burn** on my shoulder 내 어깨 위의 화상 자국 **burn** the garbage 쓰레기를 태우다
□ **cover** 663 [kʌ́vər]	[명] 덮개, 커버, 표지 [동] 덮다, 가리다	the **cover** of the book 그 책의 표지 **cover** my eyes 내 눈을 가리다

□ **water** [664] [wɔ́:tər]	명 물 동 (화초에) 물을 주다	a glass of **water** 물 한 잔 **water** the garden 정원에 물을 주다
□ **avoid** [665] [əvɔ́id]	동 피하다, 방지하다	**avoid** my eyes 내 눈을 피하다
□ **fail** [666] [feil]	동 실패하다, 떨어지다 파 failure 명 실패	**fail** the test 시험에 떨어지다
□ **reuse** [667] [ri:jú:z]	동 재사용하다 참 use 동 사용하다	Let's **reuse** the bag. 그 가방을 재사용하자.
□ **any** [668] [éni]	형 어떤, 어느	I don't have **any** food. 어떤 음식도 없다. Do you have **any** questions? 어떤 질문이 있나요?
□ **dead** [669] [ded]	형 죽은, 과거의 파 death 명 죽음	a **dead** animal 죽은 동물
□ **German** [670] [ʤə́:rmən]	형 독일의 명 독일인, 독일어 파 Germany 명 독일	**German** culture 독일의 문화 I want to learn **German**. 나는 독일어를 배우고 싶다.
□ **powerful** [671] [páuərfəl]	형 강한, 영향력 있는 파 power 명 힘	a **powerful** voice 강한 목소리
□ **royal** [672] [rɔ́iəl]	형 국왕의, 왕실의 파 royalty 명 왕족(들)	the **royal** family 왕가
□ **thick** [673] [θik]	형 두꺼운, 두툼한, 굵은	a **thick** coat 두꺼운 외투 have **thick** fingers 손가락이 굵다
□ **tiny** [674] [táini] (tinier - tinest)	형 아주 작은, 아주 적은	a **tiny** flower 아주 작은 꽃
□ **will** [675] [wil]	조 ~일[할] 것이다	They **will** go camping. 그들은 캠핑을 갈 것이다.

Voca Up	re- + 동사

동사에 접두사 re-를 붙이면 '다시 ~하다'라는 뜻의 동사가 된다.
EX. re(접두사) + use(사용하다) = reuse(다시 사용하다)
re + make(만들다) = remake(다시 만들다)
re + start(시작하다) = restart(다시 시작하다)

A 빈칸에 알맞은 단어를 보기에서 골라 쓰세요. (형태 변경 가능)

avoid	bicycle	fail	powerful

1 How often do you ride a _____?

2 Sarah studies hard, so she will not _____.

3 James has a _____ voice.

4 Do not _____ my eyes.

B 빈칸에 알맞은 말을 넣어 어구를 완성하세요.

1 wear _____ clothes (두꺼운 옷을 입다)

2 cover my body with the _____ (담요로 몸을 덮다)

3 _____ and recycle things (물건을 재사용하고 재활용하다)

4 the first _____ in the city (그 도시의 첫 번째 소방서)

5 have some _____ friends (독일인 친구가 몇 명 있다)

C 다음 두 문장에 공통으로 들어갈 단어를 쓰세요.

1 She has a b_____ on her hand.

They never b_____ the bread.

2 You should c_____ your mouth and nose.

The name of the writer is on the c_____.

3 May I have some cold w_____?

We usually w_____ the flowers in the morning.

D 단어와 영어 뜻을 연결하세요. 영영풀이

1 dead ·   · ⓐ a large town

2 city ·   · ⓑ red, blue, yellow, etc.

3 reuse ·   · ⓒ not alive anymore

4 color ·   · ⓓ to use again

E 영어 단어를 듣고 받아 적은 후 그 단어의 뜻을 쓰세요. 받아쓰기 🎧

English	Korean	English	Korean
1		14	
2		15	
3		16	
4		17	
5		18	
6		19	
7		20	
8		21	
9		22	
10		23	
11		24	
12		25	
13			

DAY 28

MP3

| ☐ **bathroom** 676 [bǽθrùː)m] | 명 욕실, 목욕탕, 화장실 | clean the **bathroom** 욕실을 청소하다 |

| ☐ **box** 677 [bɑks] | 명 상자, 통 복 boxes | a **box** full of toys 장난감으로 가득한 상자 |

| ☐ **doctor** 678 [dάktər] | 명 의사, 박사 관 doctor's office 의원, (개인)병원 | call the **doctor** 의사를 부르다 |

| ☐ **family** 679 [fǽməli] | 명 가족, 가정 복 families | a **family** of five 5인 가족 |

| ☐ **farm** 680 [fɑːrm] | 명 농장, 농원, 농가 관 farmer 명 농부 | work on an apple **farm** 사과 농장에서 일하다 |

| ☐ **hair** 681 [hɛər] | 명 머리(카락), 털 | She has long **hair**. 그녀는 머리가 길다. |

| ☐ **Monday** 682 [mʌ́ndei] | 명 월요일 약 Mon. | **Monday** is a busy day. 월요일은 바쁜 날이다. |

| ☐ **monkey** 683 [mʌ́ŋki] | 명 원숭이 | a cute **monkey** 귀여운 원숭이 |

| ☐ **player** 684 [pléiər] | 명 (게임·운동 경기의) 선수 명 연주자 관 play 동 경기하다, 연주하다 | a baseball **player** 야구 선수 a piano **player** 피아노 연주자 |

| ☐ **sea** 685 [siː] | 명 바다, -해 | They fish in the **sea**. 그들은 바다에서 낚시한다. the Bering **Sea** 베링 해 |

| ☐ **student** 686 [stjúːdənt] | 명 학생 | a smart **student** 영리한 학생 |

| ☐ **word** 687 [wəːrd] | 명 단어, 낱말, 한 마디 말, 노래 가사 | in a **word** 한 마디로 What does the **word** mean? 그 단어가 무슨 뜻인가요? |

| ☐ **break** 688 [breik] (broke - broken) | 명 휴식 (시간) 동 깨다, 부서지다, 고장 나다 | I need a **break**. 나는 휴식이 필요하다. **break** a cup 컵을 깨다 |

☐ **keep** 689 [kiːp] (kept - kept)	통 유지하다 통 계속하다	**keep** warm 따뜻하게 유지하다 **keep** smiling 계속 웃다
☐ **kill** 690 [kil]	통 죽이다, 목숨을 빼앗다	a spray to **kill** flies 파리를 죽이는 스프레이
☐ **understand** 691 [ʌ̀ndərstǽnd] (understood - understood)	통 이해하다, 알다	I **understand** them. 나는 그들을 이해한다.
☐ **easy** 692 [íːzi] (easier - easiest)	형 쉬운, 수월한, 편안한 🔁easily 부 쉽게	This book is not **easy**. 이 책은 쉽지 않다.
☐ **lazy** 693 [léizi] (lazier - laziest)	형 게으른, 태만한 🔁laziness 명 게으름	**lazy** people 게으른 사람들
☐ **low** 694 [lou]	형 낮은, 바닥 가까이의	a **low** price 낮은 가격 The moon was **low** in the sky. 달이 하늘에 낮게 떴다.
☐ **old** 695 [ould]	형 늙은, 나이 많은 형 낡은, 오래된	an **old** man 노인 an **old** car 오래된 자동차
☐ **open** 696 [óupən]	형 열려 있는, 개방된 통 열다, (눈을) 뜨다	the **open** door 열려 있는 문 **open** the birthday presents 생일 선물을 열다
☐ **snowy** 697 [snóui]	형 눈이 내리는, 눈 덮인 🔁snow 통 눈이 내리다	a very **snowy** winter 눈이 아주 많이 내리는 겨울
☐ **far** 698 [fɑːr] (farther - farthest / further - furthest)	부 멀리, ~(만큼) 떨어져	The restaurant is **far** from here. 그 식당은 여기에서 멀다.
☐ **someday** 699 [sʌ́mdèi]	부 언젠가, 언제든, 훗날	He will visit me **someday**. 그는 언젠가 나를 방문할 것이다.
☐ **yesterday** 700 [jéstərdi]	부 어제 명 어제	I met Bill **yesterday**. 나는 어제 Bill을 만났다. **Yesterday** was my birthday. 어제는 내 생일이었다.

Voca Up **명사의 복수형 만들기**

명사의 복수형을 만들 때는 단수형 뒤에 -(e)s를 붙인다. 단어가 〈자음+y〉로 끝나면, y를 i로 고치고 -es를 붙인다.
EX. 〈자음+y〉로 끝나는 단어: baby - babies   city - cities
　　　〈모음+y〉로 끝나는 단어: boy - boys   toy - toys

A 빈칸에 알맞은 단어를 보기에서 골라 쓰세요. (형태 변경 가능)

| someday | keep | bathroom | low |

1 He cleans the _____ every day.

2 This coat will _____ you warm.

3 I really want to go to France _____.

4 Lily bought her car at a _____ price.

B 빈칸에 알맞은 말을 넣어 어구를 완성하세요.

1 take a short _____ (짧은 휴식을 취하다)

2 live in an _____ house (낡은 집에 살다)

3 work on the animal _____ (동물 농장에서 일하다)

4 a famous baseball _____ (유명한 야구 선수)

5 an _____ story for children (어린이들을 위한 쉬운 이야기)

C 우리말을 참고하여 문장 속에 알맞은 단어를 써 넣으세요.

1 Is your house _____ from the school?
(당신의 집은 학교에서 먼가요?)

2 The bookstore is _____ until 8 p.m. (그 서점은 저녁 8시까지 연다.)

3 The fat pig looks _____. (그 살찐 돼지는 게을러 보인다.)

4 How many people are there in your _____?
(당신 가족은 몇 명인가요?)

5 They are not going to say a _____ to you.
(그들은 당신에게 한 마디도 하지 않을 것이다.)

D 단어와 영어 뜻을 연결하세요. 영영풀이

1 yesterday   ·

2 player   ·

3 understand ·

4 open   ·

· ⓐ to know

· ⓑ not closed

· ⓒ the day before today

· ⓓ someone who plays a game or sport

E 영어 단어를 듣고 받아 적은 후 그 단어의 뜻을 쓰세요. 받아쓰기 🎧

English	Korean	English	Korean
1		14	
2		15	
3		16	
4		17	
5		18	
6		19	
7		20	
8		21	
9		22	
10		23	
11		24	
12		25	
13			

□ **course** 701 [kɔːrs]	몡 강의, 과목, 강좌	a golf **course** 골프 강의 take a **course** in design 디자인 과목을 수강하다
□ **pill** 702 [pil]	몡 알약	take a **pill** 알약을 먹다
□ **playground** [pléigràund] 703	몡 (학교의) 운동장, 놀이터	on the school **playground** 학교 운동장에서
□ **police station** [pəlíːs stèiʃən] 704	몡 경찰서	The **police station** is near here. 경찰서는 여기서 가깝다.
□ **pool** 705 [puːl]	몡 수영장 ❸ swimming pool	a small **pool** 작은 수영장
□ **post office** 706 [póust ɔ̀(ː)fis]	몡 우체국	go to the **post office** 우체국에 가다
□ **rice** 707 [rais]	몡 밥, 쌀	a bowl of **rice** 밥 한 그릇 We like fried **rice**. 우리는 볶음밥을 좋아한다.
□ **ship** 708 [ʃip]	몡 큰 배, 선박	board a **ship** 배에 타다 go to Japan by **ship** 큰 배를 타고 일본에 가다
□ **snail** 709 [sneil]	몡 달팽이	a **snail** in the garden 정원에 있는 달팽이
□ **son** 710 [sʌn]	몡 아들 ❹ daughter 몡 딸	My **son** is smart. 우리 아들은 영리하다.
□ **song** 711 [sɔ(ː)ŋ]	몡 노래 📢 sing 통 노래하다	sing a **song** 노래를 부르다 a folk **song** 민요[포크 송]
□ **sunshine** 712 [sʌ́nʃàin]	몡 햇빛, 햇살	play in the **sunshine** 햇빛에서 놀다
□ **vet** 713 [vet]	몡 수의사 ❸ veterinarian	work as a **vet** 수의사로 일하다

□ **diet** ⁷¹⁴ [dáiət]	명 식습관, 식단, 다이어트	have a healthy **diet** 건강에 좋은 식습관을 가지고 있다 go on a **diet** 다이어트를 시작하다
□ **email** ⁷¹⁵ [í:meil]	명 전자 우편, 이메일 동 전자 우편을 보내다	send an **email** 이메일을 보내다 **Email** me quickly. 빨리 나에게 전자 우편을 보내세요.
□ **heat** ⁷¹⁶ [hi:t]	명 열기, 열 동 뜨겁게 만들다, 뜨거워지다	strong summer **heat** 강한 여름 열기 **heat** the house in winter 겨울에 집을 뜨겁게 만들다
□ **help** ⁷¹⁷ [help]	명 도움, 지원 동 돕다, 거들다	It was a big **help**. 그것은 큰 도움이 되었다. **help** sick people 아픈 사람들을 돕다
□ **hurry** ⁷¹⁸ [hə́:ri] (hurried - hurried)	명 서두름, 급함 동 서두르다, 급히 가다	I was in a **hurry**. 나는 서둘렀다. **hurry** to the bus stop 버스 정류장까지 급히 가다
□ **record** ⁷¹⁹ 명 [rékərd] 동 [rikɔ́rd]	명 기록 동 기록하다, 녹음하다	a world **record** 세계 기록 I **record** everything in my diary. 나는 일기에 모든 것을 기록한다.
□ **seem** ⁷²⁰ [si:m]	동 (~인 것처럼) 보이다, ~인 것 같다	They **seem** happy. 그들은 행복한 것처럼 보인다.
□ **thank** ⁷²¹ [θæŋk]	동 감사하다, 고마워하다 🔹 thankful 형 고맙게 생각하는	We must **thank** our parents. 우리는 부모님께 감사해야 한다.
□ **spicy** ⁷²² [spáisi] (spicier - spiciest)	형 매운, 양념 맛이 강한	**spicy** food 매운 음식
□ **thin** ⁷²³ [θin] (thinner - thinnest)	형 얇은, 가는, 마른	a **thin** blanket 얇은 담요
□ **until** ⁷²⁴ [əntíl]	접 전 ~까지	Let's wait here **until** the rain stops. 비가 멈출 때까지 여기서 기다리자.
□ **while** ⁷²⁵ [hwail]	접 ~하는 동안[사이] 명 잠깐, 잠시	Study hard **while** you are at school. 학교에 있는 동안 열심히 공부하세요. for a **while** 잠깐 동안

Voca Up　　　비교급/최상급 만들기

형용사가 〈자음+모음+자음〉으로 끝나면, 비교급/최상급을 만들 때 마지막 자음을 한 번 더 쓰고 -er/-est를 붙인다.
EX. thin – thinner – thinnest (마른 – 더 마른 – 가장 마른)
　　big – bigger – biggest (큰 – 더 큰 – 가장 큰)

EXERCISE

정답 pp.170~175

A 빈칸에 알맞은 단어를 보기에서 골라 쓰세요. (형태 변경 가능)

> email   course   snail   seem

1 They _____ to be tired.

2 I will take an English _____ this summer.

3 Did she write an _____ to her family?

4 Look at the tiny _____ on the ground.

B 빈칸에 알맞은 말을 넣어 어구를 완성하세요.

1 like _____ food (매운 음식을 좋아하다)

2 be in a _____ (서두르다)

3 play soccer on the _____ (운동장에서 축구를 하다)

4 travel by plane or _____ (비행기나 큰 배로 여행하다)

5 a building next to the _____ (우체국 옆의 건물)

C 우리말을 참고하여 문장 속에 알맞은 단어를 써 넣으세요.

1 Can you _____ the soup for me? (저를 위해서 수프를 데워주시겠어요?)

2 I want to thank you for your _____.
(당신의 도움에 대해 감사하고 싶습니다.)

3 Did she break the world _____? (그녀가 세계 기록을 깼나요?)

4 They did not say anything for a _____.
(그들은 잠깐 동안 아무 말도 하지 않았다.)

5 It will snow _____ the end of January. (1월 말까지 눈이 올 것이다.)

D 단어와 영어 뜻을 연결하세요. 영영풀이

1 ship   •

2 sunshine •

3 playground •

4 hurry   •

• ⓐ light from the sun

• ⓑ to move quickly

• ⓒ a large boat

• ⓓ a place for children to play

E 영어 단어를 듣고 받아 적은 후 그 단어의 뜻을 쓰세요. 받아쓰기 🎧

English	Korean	English	Korean
1		14	
2		15	
3		16	
4		17	
5		18	
6		19	
7		20	
8		21	
9		22	
10		23	
11		24	
12		25	
13			

40일 완성

DAY 30

MP3

☐ **blood** 726 [blʌd]	명 피, 혈액 파 bleed 동 피를 흘리다	give **blood** 헌혈하다
☐ **court** 727 [kɔːrt]	명 (스포츠) 코트 명 법원, 법정	a tennis **court** 테니스 코트 go to **court** 법정에 가다, 소송을 제기하다
☐ **desert** 728 [dézərt]	명 사막	a hot **desert** 뜨거운 사막
☐ **drama** 729 [drάːmə]	명 드라마, 연극	a **drama** on television 텔레비전에서 하는 드라마
☐ **feeling** 730 [fíːliŋ]	명 느낌, 감정 파 feel 동 느끼다	have a bad **feeling** 나쁜 느낌이 들다
☐ **miracle** 731 [mírəkl]	명 기적, 기적 같은 일	It's a **miracle** he is alive. 그가 살아있는 것은 기적이다.
☐ **portrait** 732 [pɔ́ːrtrit]	명 초상화, 인물 사진	paint a **portrait** 초상화를 그리다
☐ **price** 733 [prais]	명 가격, 물가	a selling **price** 판매 가격 at a high **price** 높은 가격으로
☐ **referee** 734 [rèfəríː]	명 심판	The **referee** stopped the game. 그 심판은 경기를 중단시켰다.
☐ **September** 735 [septémbər]	명 9월 약 Sep.	from June to **September** 6월부터 9월까지
☐ **shadow** 736 [ʃǽdou]	명 그림자, 그늘	chase my **shadow** 그림자를 쫓다 a **shadow** of a building 건물의 그림자
☐ **starfish** 737 [stάːrfiʃ]	명 불가사리	She found a **starfish** at the beach. 그녀는 해변에서 불가사리를 찾았다.
☐ **Wednesday** 738 [wénzdei]	명 수요일 약 Wed., Weds.	Let's meet this **Wednesday**. 이번 주 수요일에 만나자.
☐ **act** 739 [ækt]	명 행동, 행위 동 연기하다, 행동을 취하다 파 action 명 행동, 활동	a kind **act** 친절한 행동 **act** well in the movie 영화에서 연기를 잘하다

☐ **alarm** 740 [əlá:rm]	명 경보(음), 경고 신호 동 불안하게 만들다 📚 alarming 형 걱정스러운	a fire **alarm** 화재 경보 The story **alarmed** me. 그 이야기는 나를 불안하게 만들었다.	

☐ **copy** 741 [kápi] (copied - copied)	명 복사(본), 한 부 동 복사하다, 베끼다	a **copy** of the report 보고서 복사본 They **copied** the design. 그들은 디자인을 베꼈다.	

☐ **flash** 742 [flæʃ]	명 번쩍임, 불빛 동 번쩍이다, 신호를 보내다	a camera **flash** 카메라 플래시 All the lights **flashed**. 모든 불빛이 번쩍였다.	

☐ **view** 743 [vju:]	명 견해, 관점 명 경관, 전망 동 (특히 세심히 살피며) 보다	in my **view** 내 견해로는 an ocean **view** 바다가 보이는 전망 **view** the painting 그림을 세심히 살피며 보다	

☐ **explain** 744 [ikspléin]	동 설명하다, 해명하다 📚 explain A to B B에게 A를 설명하다	**explain** the rules 규칙을 설명하다	

☐ **run** 745 [rʌn] (ran - run)	동 달리다, 뛰다 📚 running shoes 운동화	**run** in the park 공원에서 뛰다	

☐ **spend** 746 [spend] (spent - spent)	동 (돈을) 쓰다 동 (시간을) 보내다	**spend** money on clothes 옷에 돈을 쓰다 **spend** time together 함께 시간을 보내다	

☐ **anymore** 747 [ènimɔ́:r]	부 (부정문에서) 더 이상, 요즘은	I don't play golf **anymore**. 더 이상 골프를 치지 않는다.	

☐ **therefore** 748 [ðɛ́ərfɔ̀:r]	부 그러므로, 그러니까	He has no job. **Therefore** he is poor. 그는 직업이 없다. 그러므로 그는 가난하다.	

☐ **among** 749 [əmʌ́ŋ]	전 ~ 중[사이]에	**among** the people 그 사람들 중에서	

☐ **down** 750 [daun]	전 아래로 부 아래로, 아래에	**down** the hill 언덕 아래로 look **down** at the boy 소년을 내려다보다	

Voca Up	anymore

anymore는 거의 부정문에서만 쓰인다. any longer, at all 등도 마찬가지다.

EX. I don't want to listen to you **anymore**. (나는 더 이상 네 말을 듣고 싶지 않다.)

He doesn't live here **any longer**. (그는 더 이상 여기 살지 않는다.)

I don't know the answer **at all**. (나는 답을 전혀 모르겠다.)

EXERCISE

정답 pp.170~175

A 빈칸에 알맞은 단어를 보기에서 골라 쓰세요. (형태 변경 가능)

> among   starfish   run   shadow

1 What does a _____ eat?

2 My _____ was longer than me.

3 They like to _____ every morning.

4 My sister is standing _____ the girls.

B 빈칸에 알맞은 말을 넣어 어구를 완성하세요.

1 go _____ the hill (언덕 아래로 내려가다)

2 a _____ of my grandfather (우리 할아버지의 초상화)

3 a strange _____ (이상한 느낌)

4 a very high _____ (아주 높은 가격)

5 _____ the rules to them (그들에게 규칙을 설명하다)

C 문장에 맞게 밑줄 친 단어의 뜻을 쓰세요.

1 You should not <u>copy</u> the book.

2 He wants a room with a <u>view</u> of the river.

3 We did not hear the <u>alarm</u> last night.

4 She did not <u>act</u> the part of the main character.

5 <u>Therefore</u>, we cannot leave yet.

D 단어와 영어 뜻을 연결하세요. 영영풀이

1 explain   •   • ⓐ to use money or time

2 Wednesday •   • ⓑ after August and before October

3 September •   • ⓒ between Tuesday and Thursday

4 spend   •   • ⓓ to tell about

E 영어 단어를 듣고 받아 적은 후 그 단어의 뜻을 쓰세요. 받아쓰기 🎧

English	Korean	English	Korean
1		14	
2		15	
3		16	
4		17	
5		18	
6		19	
7		20	
8		21	
9		22	
10		23	
11		24	
12		25	
13			

MP3

□ **cow** 751
[kau]
명 암소, 젖소
get milk from **cows** 젖소로부터 우유를 얻다

□ **daughter** 752
[dɔ́:tər]
명 딸, 여식
반 son 명 아들
My **daughter** is 15 years old.
내 딸은 15살이다.

□ **hero** 753
[hí(:)ərou]
명 영웅, 남자 주인공
복 heroes
a war **hero** 전쟁 영웅

□ **life** 754
[laif]
명 인생, 삶, 생명
파 live 동 살다
Life is not long. 인생은 길지 않다.

□ **magazine** 755
[mǽɡəzì:n]
명 잡지
read a **magazine** 잡지를 읽다
a fashion **magazine** 패션 잡지

□ **size** 756
[saiz]
명 크기, 치수
a large **size** 큰 치수

□ **space** 757
[speis]
명 공간, 자리
명 우주
There is no **space** for a bed.
침대를 놓을 공간이 없다.
a **space** rocket 우주 로켓

□ **sugar** 758
[ʃúgər]
명 설탕
put **sugar** in coffee 커피에 설탕을 넣다

□ **sunset** 759
[sʌ́nsèt]
명 일몰, 해질녘, 저녁노을
반 sunrise 명 일출, 해돋이
a beautiful **sunset** 아름다운 일몰

□ **swimming** 760
[swímiŋ]
명 수영
파 swim 동 수영하다
Swimming is good exercise.
수영은 좋은 운동이다.

□ **tale** 761
[teil]
명 이야기, 소설, 설화
tell a **tale** 이야기를 들려주다
a fairy **tale** 옛날 이야기

□ **thirteen** 762
[θə̀:rtí:n]
명 13, 열셋
형 13의, 열셋의
관 thirty 명 30, 서른 형 30의
Thirteen is an unlucky number.
13은 불행의 숫자다.
for **thirteen** years 13년 동안

□ **thousand** 763
[θáuzənd]
명 천
형 천의
파 thousands of 수많은, 수천의
A **thousand** is the number 1,000.
1천은 숫자 1,000이다.
one **thousand** copies 천 개의 복사본

☐ **joke** 764 [dʒouk]	명 농담, 우스갯소리 동 농담하다	tell a funny **joke** 재미있는 농담을 하다 **joke** about a mistake 실수에 대해 농담하다
☐ **judge** 765 [dʒʌdʒ]	명 판사, 심사 위원 동 판단하다, 여기다 파 judgment 명 판단, 심판	**Judges** are important. 판사는 중요하다. I **judge** her to be honest. 나는 그녀가 정직하다고 판단한다.
☐ **result** 766 [rizʌ́lt]	명 결과, 결실 동 (~의 결과로) 발생하다 참 as a result 결과적으로, 결국	a good test **result** 좋은 시험 결과 Bad scores **result** from laziness. 나쁜 점수는 게으름의 결과로 발생한다.
☐ **count** 767 [kaunt]	동 수를 세다, 계산하다	I can **count** very quickly. 나는 아주 빨리 수를 셀 수 있다.
☐ **greet** 768 [griːt]	동 인사하다, 맞이하다	How do you **greet** people in Korea? 한국에서는 사람들에게 어떻게 인사하나요?
☐ **weigh** 769 [wei]	동 무게[체중]가 ~이다 파 weight 명 무게, 체중	They **weigh** a lot. 그것들은 무게가 많이 나간다.
☐ **classical** 770 [klǽsikəl]	형 고전적인, 클래식의 파 classic 형 최고 수준의, 전형적인	**classical** music 고전(클래식) 음악
☐ **fantastic** 771 [fæntǽstik]	형 환상적인, 기막히게 좋은 파 fantasy 명 공상, 환상	a **fantastic** idea 환상적인 생각 The weather is **fantastic**. 날씨가 기막히게 좋다.
☐ **everybody** 772 [évribàdi]	대 각자 모두, 누구든지 유 everyone	**Everybody** is happy now. 지금 모두가 행복하다.
☐ **myself** 773 [maisélf]	대 나 자신	I love **myself**. 나는 나 자신을 사랑한다.
☐ **nobody** 774 [nóubàdi]	대 아무도 (~ 않다) 유 no one	**Nobody** knows the book. 아무도 그 책을 알지 못한다.
☐ **somebody** 775 [sʌ́mbàdi]	대 어떤 사람, 누군가 유 someone	**Somebody** called me. 누군가가 나를 불렀다.

Voca Up	재귀대명사

'자아, 자신'을 나타내는 -self를 이용해 재귀대명사를 만들 수 있다.

EX. myself 나 자신   yourself 당신 자신   himself 그 자신   herself 그녀 자신

ourselves 우리 자신   yourselves 당신들 자신   themselves 그들 자신

EXERCISE

정답 pp.170~175

A 빈칸에 알맞은 단어를 보기에서 골라 쓰세요. (형태 변경 가능)

| judge | somebody | classical | sunset |

1 I want to see the beautiful _____.

2 They _____ me to be smart.

3 Do you like _____ music?

4 There is always _____ at home in the evening.

B 빈칸에 알맞은 말을 넣어 어구를 완성하세요.

1 a fashion _____ (패션 잡지)

2 have a _____ view (환상적인 전망을 가지고 있다)

3 as a _____ of the news (그 뉴스의 결과로)

4 begin to tell a _____ (이야기를 들려주기 시작하다)

5 _____ one thousand kilograms (천 킬로그램의 무게가 나가다)

C 우리말을 참고하여 문장 속에 알맞은 단어를 써 넣으세요.

1 I need _____ for the boxes. (나는 그 상자들을 위한 공간이 필요하다.)

2 Did you put _____ in your coffee? (당신의 커피에 설탕을 넣었나요?)

3 _____ makes a joke about his daughter.
(아무도 그의 딸에 대해 농담을 하지 않는다.)

4 Can you _____ from one to ten in German?
(독일어로 1부터 10까지 셀 수 있나요?)

5 She is writing about the _____ of a hero.
(그녀는 한 영웅의 인생에 대해 쓰고 있다.)

D 단어와 영어 뜻을 연결하세요. 영영풀이

1 greet   ·

2 tale   ·

3 nobody ·

4 fantastic ·

· ⓐ a story

· ⓑ no person

· ⓒ very good

· ⓓ to say hello

E 영어 단어를 듣고 받아 적은 후 그 단어의 뜻을 쓰세요. 받아쓰기 🎧

English	Korean	English	Korean
1		14	
2		15	
3		16	
4		17	
5		18	
6		19	
7		20	
8		21	
9		22	
10		23	
11		24	
12		25	
13			

□ **candle** 776 | 명 양초 | hold a **candle** 양초를 들고 있다
[kǽndl]

□ **company** 777 | 명 회사 | a large **company** 큰 회사
[kʌ́mpəni]

□ **desk** 778 | 명 책상 | books on my **desk** 내 책상 위의 책들
[desk] | 명 접수처 | the check-in **desk** 투숙객 접수처

□ **diary** 779 | 명 일기, 수첩 | keep a **diary** 일기를 쓰다
[dáiəri]

□ **fourteen** 780 | 명 14, 열넷 | **fourteen** of the students 학생들 중 14명
[fɔ̀ːrtíːn] | 형 14의, 열넷의 | **fourteen** students 14명의 학생들
| ❸ forty 명 40, 마흔 형 40의

□ **gate** 781 | 명 문, 정문, 출입구 | open the **gate** 문을 열다
[geit] | | the main **gate** of the museum 박물관의 정문

□ **gym** 782 | 명 체육관 | play basketball in the **gym** 체육관에서 농구를 하다
[ʤim]

□ **rock** 783 | 명 바위, 암석 | a heavy **rock** 무거운 바위
[rɑk] | ❹ rocky 형 바위로 된, 바위투성이의

□ **rope** 784 | 명 밧줄, 로프 | pull the **rope** 밧줄을 당기다
[roup] | ❸ jump rope 명 줄넘기 (줄)

□ **wing** 785 | 명 날개 | A plane needs two **wings**.
[wiŋ] | | 비행기는 두 개의 날개가 필요하다.

□ **chat** 786 | 명 담소, 대화 | have a **chat** 담소를 나누다
[tʃæt] | 동 담소를 나누다, 채팅하다 | **chat** about the weather 날씨에 대해 담소를 나누다
(chatted - chatted)

□ **cough** 787 | 명 기침 | a bad **cough** 심한 기침
[kɔ(ː)f] | 동 기침하다 | **cough** loudly 기침을 심하게 하다

□ **guess** 788 | 명 추측, 짐작 | make a **guess** 추측을 하다
[ges] | 동 추측하다, 알아맞히다 | I **guess** he is sick. 나는 그가 아프다고 추측한다.

□ **touch** [789] [tʌtʃ]	명 만지기, 손길 동 만지다, 건드리다	a light **touch** 가벼운 손길 He **touched** my shoulder. 그는 내 어깨를 건드렸다.
□ **treat** [790] [tri:t]	명 대접, 한턱 동 대접하다, 다루다 🔊 treatment 명 처치, 대우	a special **treat** 특별한 대접 She will **treat** you to dinner. 그녀가 당신에게 저녁을 대접할 것이다.
□ **work** [791] [wəːrk]	명 일, 작업, 직업 동 일하다, 근무하다 🔊 worker 명 노동자, 근로자	part-time **work** 시간제 일 **work** at night 밤에 일하다
□ **blow** [792] [blou] (blew - blown)	동 불다, 날리다	The wind **blows**. 바람이 분다. **blow** out the candles 양초를 불어서 끄다
□ **hear** [793] [hiər] (heard - heard)	동 (들려오는 소리를) 듣다	I can't **hear** your voice well. 나는 당신의 목소리가 잘 들리지 않는다.
□ **walk** [794] [wɔːk]	동 걷다, 걸어가다 동 산책시키다	**walk** along the street 길을 따라 걷다 **walk** the dog 개를 산책시키다
□ **want** [795] [wɑnt]	동 원하다, 바라다, ~하고 싶다	**want** a bike 자전거를 원하다 **want** to be healthy 건강해지고 싶다
□ **wonder** [796] [wʌ́ndər]	동 궁금하다, 궁금해하다 🔊 wonderful 형 놀라운	I **wonder** what he is doing. 나는 그가 무엇을 하고 있는지 궁금하다.
□ **bright** [797] [brait]	형 밝은, 눈부신 🔊 brightly 부 밝게, 빛나게	**bright** sunshine 눈부신 햇빛
□ **tough** [798] [tʌf]	형 거친, 튼튼한 형 힘든, 어려운	He is a **tough** player. 그는 거친 선수다. a **tough** time 어려운 시간
□ **deeply** [799] [díːpli]	부 대단히, 몹시, 아주 부 깊이 🔊 deep 형 깊은 부 깊이	be **deeply** interested in art 미술에 대단히 관심이 있다 think **deeply** 깊이 생각하다
□ **here** [800] [hiər]	부 여기에, 이리	Put the box **here**. 그 상자를 여기에 놓으세요.

EXERCISE

정답 pp.170~175

A 빈칸에 알맞은 단어를 보기에서 골라 쓰세요. (형태 변경 가능)

treat	candle	bright	gym

1 There is a _____ on the table.

2 We exercise in the _____ every day.

3 Let me _____ you to a nice meal.

4 A _____ star is shining in the sky.

B 빈칸에 알맞은 말을 넣어 어구를 완성하세요.

1 _____ to school (학교까지 걸어가다)

2 have a bad _____ (기침이 심하다)

3 _____ with some friends (몇몇 친구들과 담소를 나누다)

4 don't _____ to be late (지각하고 싶지 않다)

5 look around _____ and there (여기저기를 둘러보다)

C 문장에 맞게 밑줄 친 단어의 뜻을 쓰세요.

1 Can you <u>guess</u> what it is?

2 We are going to have a <u>tough</u> time this winter.

3 They <u>work</u> for a computer company.

4 They are <u>deeply</u> interested in classical music.

5 Do not <u>touch</u> anything in the museum.

D 단어와 영어 뜻을 연결하세요. 영영풀이

1 wonder · · ⓐ full of light

2 tough · · ⓑ to want to know something

3 work · · ⓒ not easy

4 bright · · ⓓ to do a job

E 영어 단어를 듣고 받아 적은 후 그 단어의 뜻을 쓰세요. 받아쓰기 🎧

English	Korean	English	Korean
1		14	
2		15	
3		16	
4		17	
5		18	
6		19	
7		20	
8		21	
9		22	
10		23	
11		24	
12		25	
13			

MP3

☐ **bedroom** 801 · 명 침실, 방 · rest in a **bedroom** 침실에서 쉬다
[bédrù(:)m]

☐ **character** 802 · 명 등장인물 · a cartoon **character** 만화의 등장인물
[kǽriktər] · 명 성격, 기질 · have strong **character** 강한 성격을 가지고 있다

☐ **Europe** 803 · 명 유럽 · We went to **Europe**. 우리는 유럽에 갔다.
[jú(:)ərəp] · 파 European 형 유럽의 명 유럽인

☐ **foot** 804 · 명 발 · My **foot** hurts. 발이 아프다.
[fut] · 복 feet

☐ **noon** 805 · 명 정오, 한낮 · Come here at **noon**. 정오에 여기로 오세요.
[nu:n]

☐ **seafood** 806 · 명 해산물 · a **seafood** restaurant 해산물 식당
[sí:fù:d] · She likes **seafood**. 그녀는 해산물을 좋아한다.

☐ **shorts** 807 · 명 반바지 · a pair of **shorts** 반바지 한 벌
[ʃɔ:rts] · 단 short 형 짧은 · I wear **shorts** in summer.
나는 여름에 반바지를 입는다.

☐ **topic** 808 · 명 화제, 주제 · It's a very hard **topic**. 그것은 아주 어려운 주제다.
[tápik]

☐ **butter** 809 · 명 버터 · put the **butter** in the pan 팬에 버터를 넣다
[bʌ́tər] · 동 버터를 바르다 · **butter** the toast 토스트에 버터를 바르다

☐ **lead** 810 · 명 선두 · take the **lead** 선두를 차지하다
[li:d] · 동 이끌다, 앞장서다 · **lead** the group 그룹을 이끌다
(led - led) · 파 leader 명 지도자, 선두자

☐ **play** 811 · 명 놀이, 연극 · watch a **play** 연극을 보다
[plei] · 동 놀다, 연주하다, 운동하다 · **play** a game 게임을 하다
· 파 playful 형 장난기 많은

☐ **sink** 812 · 명 싱크대, 개수대 · the kitchen **sink** 주방 싱크대
[siŋk] · 동 가라앉다, 침몰하다 · The country is **sinking** slowly.
(sank - sunk) · 그 나라는 서서히 가라앉고 있다.

☐ **win** 813 · 명 승리 · a great **win** 위대한 승리
[win] · 동 이기다, 획득하다 · **win** the contest 대회에서 이기다
(won - won) · 파 winner 명 우승자, 승자

☐ **mix** 814 [miks]	동 섞다, 혼합하다 ④mixture 명 혼합물, 혼합체	**mix** the meat and sauce 고기와 소스를 섞다
☐ **repeat** 815 [ripíːt]	동 반복하다, 되풀이하다 ④repetition 명 반복	**repeat** the question 질문을 반복하다
☐ **sell** 816 [sel] (sold - sold)	동 팔다, 팔리다 ④sale 명 판매	**sell** computers 컴퓨터를 팔다
☐ **shine** 817 [ʃain] (shone - shone)	동 빛나다, 반짝이다, 비추다 ④shiny 형 빛나는, 반짝거리는	The sun **shines**. 태양이 빛난다.
☐ **solve** 818 [salv]	동 해결하다, 풀다 ④solution 명 해법, 해결책	**solve** a problem 문제를 해결하다 **solve** a puzzle 퍼즐을 풀다
☐ **stretch** 819 [stretʃ]	동 늘리다, 당기다	**stretch** my body 몸을 쭉 늘리다
☐ **bad** 820 [bæd] (worse - worst)	형 나쁜, 불쾌한	a **bad** student 나쁜 학생 Smoking is **bad**. 흡연은 나쁘다.
☐ **big** 821 [big]	형 큰	a **big** tree 큰 나무
☐ **brave** 822 [breiv]	형 용감한, 용기 있는 ④bravely 부 용감하게, 훌륭하게	He is **brave** and wise. 그는 용기 있고 지혜롭다.
☐ **as** 823 [æz]	전 ~처럼, ~ 같이 전 ~로서	soft **as** a cloud 구름처럼 부드러운 **as** a teacher 교사로서
☐ **than** 824 [ðæn]	전 ~보다	I am taller **than** Jim. 나는 Jim보다 더 키가 크다.
☐ **with** 825 [wið]	전 ~와 함께 전 ~을 가진	live **with** grandparents 조부모와 함께 살다 a girl **with** brown eyes 갈색 눈을 가진 소녀

Voca Up	불규칙 복수명사

foot(발) – feet와 같이 명사의 단수형과 복수형이 불규칙하게 변하는 경우가 있다.

EX. tooth(치아, 이) – teeth   goose(거위) – geese
mouse(생쥐) – mice   child(아이) – children
leaf(잎) – leaves   person(사람) – people

EXERCISE

정답 pp.170~175

A 빈칸에 알맞은 단어를 보기에서 골라 쓰세요. (형태 변경 가능)

> brave   mix   noon   solve

1 We usually have lunch at _____.

2 Dave is a very _____ boy.

3 It's difficult to _____ this problem.

4 Please do not _____ the egg with water.

B 빈칸에 알맞은 말을 넣어 어구를 완성하세요.

1 _____ the race (경주에서 이기다)

2 wear _____ and a T-shirt (반바지와 티셔츠를 입다)

3 _____ the same words (같은 말을 반복하다)

4 buy and _____ the things (물건들을 사고 팔다)

5 ask him _____ a friend (친구로서 그에게 부탁하다)

C 다음 두 문장에 공통으로 들어갈 단어를 쓰세요.

1 She never took the   l_____.

　 Mr. Kim will not   l_____ the meeting today.

2 The   s_____ was full of water.

　 When did the boat   s_____?

3 Did you   p_____ the violin yesterday?

　 They will watch the   p_____ with Roy.

D 단어와 영어 뜻을 연결하세요. 영영풀이

1 solve   •   • ⓐ not good

2 bad   •   • ⓑ to find an answer

3 bedroom •   • ⓒ to do again

4 repeat   •   • ⓓ a room for sleeping in

E 영어 단어를 듣고 받아 적은 후 그 단어의 뜻을 쓰세요. 받아쓰기 🎧

English	Korean	English	Korean
1		14	
2		15	
3		16	
4		17	
5		18	
6		19	
7		20	
8		21	
9		22	
10		23	
11		24	
12		25	
13			

☐ **air** 826 [ɛər]	명 공기, 대기 ⓟ airy 형 바람이 잘 통하는	We cannot live without **air**. 우리는 공기 없이 살 수 없다.
☐ **bath** 827 [bæθ]	명 목욕, 욕조 ⓟ bathtub 명 목욕통 ⓟ bathe 동 (몸을) 씻다, 세척하다	Did you take a **bath**? 목욕을 했나요?
☐ **fire** 828 [faiər]	명 불, 화재	light the **fire** 불을 붙이다 The car is on **fire**. 자동차가 불타고 있다.
☐ **gesture** 829 [dʒéstʃər]	명 몸짓, 제스처	a nice **gesture** 멋진 몸짓
☐ **hill** 830 [hil]	명 언덕, (나지막한) 산	a small house on the **hill** 언덕 위의 작은 집
☐ **holiday** 831 [hálidèi]	명 휴일, 휴가, 방학	go on a **holiday** 휴가를 가다 the Christmas **holiday** 크리스마스 휴가
☐ **novel** 832 [návəl]	명 (장편) 소설 ⓟ novelist 명 소설가	a popular **novel** 인기 있는 소설 read a **novel** 소설을 읽다
☐ **police officer** [pəlíːs ɔ́(ː)fisər] 833	명 경찰관 ⓟ police office 명 경찰서	a brave **police officer** 용감한 경찰관
☐ **prince** 834 [prins]	명 왕자	a handsome **prince** 잘생긴 왕자
☐ **princess** 835 [prínses]	명 공주, 왕자비	a beautiful **princess** 아름다운 공주
☐ **rainbow** 836 [réinbòu]	명 무지개	see a **rainbow** 무지개를 보다
☐ **neighbor** 837 [néibər]	명 이웃, 이웃 사람 ⓟ neighborhood 명 근처, 이웃 사람들	a next-door **neighbor** 옆집 이웃
☐ **top** 838 [tɑp]	명 꼭대기, 정상 형 최고의, 정상의	the **top** of the mountain 산의 정상 a **top** player of the team 팀 최고의 선수

□ **end** 839 [end]	똉 끝, 말, 종료 똉 끝나다, 끝내다 ⊕ endless 똉 끝없는, 무한한	the **end** of the story 이야기의 결말 **end** the lesson 수업을 끝내다
□ **exit** 840 [éksit, égzit]	똉 출구, 비상구 똉 나가다, 떠나다	look for an **exit** 출구를 찾다 **exit** the theater quickly 극장을 재빨리 떠나다
□ **flood** 841 [flʌd]	똉 홍수 똉 물에 잠기다, 침수되다	because of the **flood** 홍수 때문에 The town **flooded**. 도시가 물에 잠겼다.
□ **humorous** 842 [hjúːmərəs]	똉 재미있는, 유머러스한 ⊕ humor 똉 유머	a **humorous** movie 재미있는 영화
□ **narrow** 843 [nǽrou]	똉 좁은, 편협한 ⊕ wide 똉 넓은	a **narrow** street 좁은 길 I have **narrow** shoulders. 나는 어깨가 좁다.
□ **Olympic** 844 [oulímpik]	똉 올림픽의	the **Olympic** Games 올림픽 게임
□ **round** 845 [raund]	똉 동그란, 둥근	a **round** shape 둥근 모양
□ **stupid** 846 [stjúːpid]	똉 어리석은, 멍청한 ⊕ stupidly 똉 어리석게	a **stupid** idea 어리석은 생각
□ **ahead** 847 [əhéd]	똉 앞으로, 앞에, 미리	walk **ahead** of him 그의 앞으로 걸어가다 Go **ahead**. 먼저 가세요.
□ **just** 848 [dʒʌst]	똉 그저, 단지	It was **just** a joke. 그것은 그저 농담이었다. I'm **just** sleepy. 나는 그저 졸리다.
□ **tonight** 849 [tənáit]	똉 오늘 밤에	I will study **tonight**. 나는 오늘 밤에 공부할 것이다.
□ **yet** 850 [jet]	똉 (부정문·의문문에서) 아직	I haven't finished it **yet**. 나는 아직 그것을 끝내지 못했다.

Voca Up	명사 + -ess

사람을 나타내는 명사에 접미사 -ess를 붙여서 여성을 나타내기도 한다.
- **EX.** prince(왕자) + ess(접미사) = princess(공주)
  host(주인, 진행자) + ess = hostess(여주인, 여자 진행자)
  actor(남자 배우) + ess = actress(여자 배우)

정답 pp.170~175

A 빈칸에 알맞은 단어를 보기에서 골라 쓰세요. (형태 변경 가능)

> gesture   round   hill   tonight

1 They live in the house on the _____.

2 They are sitting at a _____ table.

3 Did Alex take a bath _____?

4 He made a nice _____ to the princess.

B 빈칸에 알맞은 말을 넣어 어구를 완성하세요.

1 a fire _____ (화재 비상구)

2 write a long _____ (장편 소설을 쓰다)

3 meet a new _____ (새 이웃을 만나다)

4 at the _____ of the street (거리 끝에)

5 a silly and _____ story (우스꽝스럽고 유머러스한 이야기)

C 우리말을 참고하여 문장 속에 알맞은 단어를 써 넣으세요.

1 They had a snack at the _____ of the mountain.
(그들은 산 정상에서 간식을 먹었다.)

2 My brother is not a _____ boy. (우리 남동생은 어리석은 소년이 아니다.)

3 The _____ Games are held every four years.
(올림픽 게임은 4년마다 열린다.)

4 What's your plan for the _____? (당신의 휴일 계획은 뭔가요?)

5 Did the town _____ again last summer?
(그 도시는 지난 여름에 또 물에 잠겼나요?)

D 단어와 영어 뜻을 연결하세요. 영영풀이

1 prince   ·   · ⓐ a person who works for the police

2 neighbor   ·   · ⓑ the son of a king or queen

3 police officer ·   · ⓒ the highest part of something

4 top   ·   · ⓓ someone who lives near you

E 영어 단어를 듣고 받아 적은 후 그 단어의 뜻을 쓰세요. 받아쓰기 🎧

English	Korean	English	Korean
1		14	
2		15	
3		16	
4		17	
5		18	
6		19	
7		20	
8		21	
9		22	
10		23	
11		24	
12		25	
13			

☐ **address** 851
[ǽdres] [ədrés]
명 주소
명 연설
Here is my **address**. 여기 내 주소예요.
the opening **address** 개회 연설

☐ **adult** 852
[ədʌ́lt]
명 성인, 어른
a book for **adults** 어른을 위한 책

☐ **age** 853
[eidʒ]
명 나이, 연령
숙 at the age of ~의 나이에
My **age** is thirteen. 내 나이는 열세 살이다.

☐ **bag** 854
[bæg]
명 가방, 봉투
The books are in my **bag**.
그 책들은 내 가방 안에 있다.
a paper **bag** 종이봉투

☐ **basket** 855
[bǽskit]
명 바구니
The **basket** is full of apples.
그 바구니는 사과로 가득하다.

☐ **beast** 856
[biːst]
명 짐승, 야수
a wild **beast** 야생 짐승

☐ **blackboard** 857
[blǽkbɔ̀ːrd]
명 칠판
유 whiteboard 명 화이트보드
Write it on the **blackboard**.
칠판 위에 그것을 쓰세요.

☐ **bowl** 858
[boul]
명 그릇, 한 그릇
a **bowl** of soup 수프 한 그릇

☐ **carrot** 859
[kǽrət]
명 당근
eat a **carrot** 당근을 먹다
carrot juice 당근 주스

☐ **chance** 860
[tʃæns]
명 기회
명 가능성
It's a good **chance**. 좋은 기회다.
a **chance** of passing the exam
시험에 통과할 가능성

☐ **fever** 861
[fíːvər]
명 열, 열병
I have a **fever**. 나는 열이 난다.

☐ **prison** 862
[prízən]
명 교도소, 감옥
파 prisoner 명 죄수
He was sent to **prison**. 그는 교도소로 보내졌다.
in **prsion** 수감 중인

☐ **award** 863
[əwɔ́ːrd]
명 상, 수료
동 상을 수여하다
유 prize 명 상, 상품, 경품
win an **award** 상을 받다
They **awarded** John the first prize.
그들은 John에게 일등상을 수여했다.

☐ **jump** 864
[dʒʌmp]
명 점프, 뜀질
동 점프하다, 뛰다
a high **jump** 높은 점프
jump high in the air 공중으로 높이 점프하다

☐ **list** ⁸⁶⁵ [list]	명 목록, 리스트, 명단 동 목록을 작성하다, 열거하다	a shopping **list** 쇼핑 목록 Can you **list** your favorite songs? 좋아하는 곡을 열거할 수 있나요?
☐ **stress** ⁸⁶⁶ [stres]	명 스트레스, 압박 동 강조하다 파 stressful 형 스트레스가 많은	I have a lot of **stress**. 나는 스트레스가 많다. They **stress** the importance of school. 그들은 학교의 중요성을 강조한다.
☐ **wish** ⁸⁶⁷ [wiʃ]	명 소원, 소망 동 바라다, ~이면 좋겠다 파 wishful 형 갈망하는, 소원하는	make a **wish** 소원을 빌다 I **wish** to speak with you. 나는 당신과 이야기하고 싶다.
☐ **catch** ⁸⁶⁸ [kætʃ] (caught - caught)	동 잡다, 받다 동 (병에) 걸리다	**catch** a ball 공을 잡다 **catch** a cold 감기에 걸리다
☐ **please** ⁸⁶⁹ [pli:z]	동 기쁘게 하다 부 제발, 부디 파 pleased 형 기쁜, 만족스러운	You always **please** me. 당신은 항상 나를 기쁘게 한다. **Please** help me. 제발 나를 도와주세요.
☐ **few** ⁸⁷⁰ [fju:]	형 얼마 안 되는, 거의 없는 형 약간의	There are **few** people in the park. 공원에 사람이 거의 없다. There are a **few** people in the park. 공원에 약간의 사람들이 있다.
☐ **hard** ⁸⁷¹ [hɑ:rd]	형 단단한, 딱딱한 형 어려운, 힘든 부 열심히, 힘껏	a **hard** cover 단단한 덮개 a **hard** test 어려운 시험 study **hard** 열심히 공부하다
☐ **missing** ⁸⁷² [mísiŋ]	형 없어진, 실종된, 빠진	a **missing** dog 실종된 개
☐ **mysterious** ⁸⁷³ [mistí(:)əriəs]	형 기이한, 신비한 파 mystery 명 미스터리, 신비	a **mysterious** event 신비한 사건
☐ **purple** ⁸⁷⁴ [pə́:rpl]	형 자주색의 명 자주색	a **purple** sweater 자주색 스웨터 dark **purple** 짙은 자주색
☐ **upstairs** ⁸⁷⁵ [ʌ̀pstéərz]	부 위층으로, 2층으로 명 위층, 2층 반 downstairs 부 아래층으로 명 아래층	go **upstairs** 위층으로 올라가다 clean the **upstairs** 위층을 청소하다

Voca Up　　　**hard와 hardly**

형용사 뒤에 -ly가 붙어 부사가 되면서 뜻이 완전히 달라지는 경우가 있다.
EX. It is **hard** work. (그것은 어려운 일이다.)　　She **hardly** goes out. (그녀는 거의 밖에 나가지 않는다.)
　　The skirt is too **short**. (치마가 너무 짧다.)　　He will be back **shortly**. (그가 곧 올 겁니다.)

EXERCISE

정답 pp.170~175

A 빈칸에 알맞은 단어를 보기에서 골라 쓰세요. (형태 변경 가능)

| address | award | mysterious | please |

1 _____ stop the bus for us.

2 What's your home _____?

3 Did you hear that _____ sound?

4 Thomas did not win the _____ this time.

B 빈칸에 알맞은 말을 넣어 어구를 완성하세요.

1 a _____ of hot chicken soup (뜨거운 치킨 수프 한 그릇)

2 have a _____ to speak (말할 기회를 갖다)

3 _____ up and down on the sofa (소파에서 위아래로 뛰다)

4 look for a _____ child (실종된 아이를 찾다)

5 move the baskets _____ (그 바구니들을 위층으로 옮기다)

C 다음 두 문장에 공통으로 들어갈 단어를 쓰세요.

1 We are on the waiting _l_____.

I will _l_____ some nice movies for you.

2 Your _w_____ will come true.

Did you _w_____ to go to Italy?

3 It's a _h_____ question to answer.

Toby will try _h_____ to pass the exam.

146

D 단어와 영어 뜻을 연결하세요. 영영풀이

1 please ·

2 jump ·

3 mysterious ·

4 beast ·

· ⓐ strange or unknown

· ⓑ a large, wild animal

· ⓒ to go up quickly

· ⓓ to make someone happy

E 영어 단어를 듣고 받아 적은 후 그 단어의 뜻을 쓰세요. 받아쓰기 🎧

English	Korean	English	Korean
1		14	
2		15	
3		16	
4		17	
5		18	
6		19	
7		20	
8		21	
9		22	
10		23	
11		24	
12		25	
13			

□ **college** 876 [kálidʒ]	명 대학, 대학교 ⊛ university 명 종합대학	He studies science at **college.** 그는 대학에서 과학을 공부한다.
□ **comedy** 877 [kámidi]	명 코미디, 희극 ⊛ comedies	**Comedy** makes people laugh. 코미디는 사람을 웃게 만든다.
□ **day** 878 [dei]	명 하루, 날, 요일 ⊛ daily 형 매일의, 매일 일어나는	a nice **day** 좋은 날 What **day** is it today? 오늘은 무슨 요일인가요?
□ **dinosaur** 879 [dáinəsɔ̀ːr]	명 공룡	a **dinosaur** museum 공룡 박물관
□ **egg** 880 [eg]	명 알 명 달걀	a **black** egg 검은색 알 I eat an **egg** every day. 나는 매일 달걀을 먹는다.
□ **eye** 881 [ai]	명 눈	Look at my **eyes.** 내 눈을 보세요.
□ **flag** 882 [flæg]	명 깃발, 기	the national **flag** of Korea 한국의 국기
□ **glove** 883 [glʌv]	명 장갑	We wear **gloves** in winter. 우리는 겨울에 장갑을 낀다. a baseball **glove** 야구 장갑
□ **hall** 884 [hɔːl]	명 복도, 현관 명 홀, 장	pictures in the **hall** 복도에 있는 그림들 a concert **hall** 연주회장
□ **housework** 885 [háuswə̀ːrk]	명 가사, 집안일	do the **housework** 집안일을 하다
□ **ice** 886 [ais]	명 얼음, 얼음판 ⊛ icy 형 얼음 같이 찬	put some **ice** in the drink 음료에 얼음을 넣다 skate on the **ice** 얼음판에서 스케이트를 타다
□ **knee** 887 [niː]	명 무릎, (옷의) 무릎 부분	She hurt her left **knee.** 그녀는 왼쪽 무릎을 다쳤다.
□ **lot** 888 [lɑt]	명 많음, 다량	I have a **lot** of books. 나는 책을 많이 가지고 있다.

□ **kiss** ⁸⁸⁹ [kis]	몡 입맞춤, 키스, 뽀뽀 통 입을 맞추다, 키스하다	a goodbye **kiss** 작별 키스 **kiss** on the cheek 뺨에 입을 맞추다
□ **level** ⁸⁹⁰ [lévəl]	몡 수준, 단계, 정도 통 평평하게 하다	The course has five **levels**. 그 과정은 다섯 단계가 있다. **level** the road 도로를 평평하게 하다
□ **mark** ⁸⁹¹ [mɑːrk]	몡 자국, 흔적, 점 통 채점하다, 표시하다	a dirty **mark** on the shirt 셔츠 위의 더러운 자국 **mark** the exam papers 시험지를 채점하다
□ **produce** ⁸⁹² 몡 [prádʒuːs] 통 [prədúːs]	몡 생산물, 생산품 통 생산하다 짝 product 몡 제품, 상품	fresh farm **produce** 신선한 농장의 생산물 They **produce** computers. 그들은 컴퓨터를 생산한다.
□ **tie** ⁸⁹³ [tai]	몡 넥타이, 끈 통 묶다, 묶어 두다	wear a **tie** 넥타이를 매다 **tie** a ribbon 리본을 묶다
□ **strike** ⁸⁹⁴ [straik] (struck - struck)	통 치다, 부딪치다	He did not **strike** me. 그는 나를 치지 않았다.
□ **bitter** ⁸⁹⁵ [bítər]	혱 맛이 쓴 혱 고통스러운	have a **bitter** taste 쓴 맛이 나다 feel **bitter** about the situation 그 상황에 대해 고통스러워하다
□ **elderly** ⁸⁹⁶ [éldərli]	혱 나이가 든, 연로한	an **elderly** woman 연세가 드신 여성분
□ **ill** ⁸⁹⁷ [il] (worse - worst)	혱 아픈, 병든 짝 illness 몡 병, 아픔	It seems he is **ill**. 그가 아픈 것 같다.
□ **shy** ⁸⁹⁸ [ʃai]	혱 수줍음을 많이 타는, 부끄러워하는 짝 shyness 몡 수줍음, 부끄러움	a **shy** boy 수줍음을 많이 타는 소년 Don't be **shy**. 부끄러워하지 마세요.
□ **wet** ⁸⁹⁹ [wet] (wetted - wetted / wet - wet)	혱 비가 오는, 젖은 통 적시다	a **wet** shirt 젖은 셔츠 The rain **wets** the flowers. 비가 꽃들을 적신다.
□ **when** ⁹⁰⁰ [hwen]	뷰 언제 젭 ~할 때에	**When** did you meet her? 그녀를 언제 만났나요? Tell me **when** you want to go. 가고 싶을 때 말하세요.

Voca Up	kn의 발음

knee와 같이 kn으로 시작하는 단어에서 k는 발음하지 않는다.
- **EX.** knock[nak] 노크하다　　know[nou] 알다　　knot[nɑːt] 매듭
- knife[naif] 칼, 나이프　　knit[nit] 뜨개질하다　　knuckle[nʌkl] 손가락 관절

EXERCISE

정답 pp.170~175

A 빈칸에 알맞은 단어를 보기에서 골라 쓰세요. (형태 변경 가능)

> lot   housework   bitter   when

1 Can you help me do the _____?

2 _____ are you going to come?

3 There are a _____ of people in the hall.

4 Good medicine has a _____ taste.

B 빈칸에 알맞은 말을 넣어 어구를 완성하세요.

1 a _____ smile (수줍은 미소)

2 _____ the shoelaces (신발 끈을 묶다)

3 the _____ of the course (그 과정의 수준)

4 raise a national _____ (국기를 게양하다)

5 dry _____ clothes (젖은 옷을 말리다)

C 우리말을 참고하여 문장 속에 알맞은 단어를 써 넣으세요.

1 Does the farm _____ fresh milk? (그 농장은 신선한 우유를 생산하나요?)

2 We should show respect for _____ people.
(우리는 나이가 많은 사람들을 존중해야 한다.)

3 It is really fun to skate on the _____.
(얼음 위에서 스케이트 타는 것은 정말 재미있다.)

4 Ian has a red mark on his right _____.
(Ian은 오른쪽 무릎에 빨간 점이 있다.)

5 My mom always gives me a goodnight _____.
(우리 엄마는 항상 나에게 잘 자라는 키스를 해준다.)

D 단어와 영어 뜻을 연결하세요. 영영풀이

1 produce ·   · ⓐ not dry

2 wet   ·   · ⓑ sick

3 ill   ·   · ⓒ to hit something or someone

4 strike   ·   · ⓓ to make

MP3

E 영어 단어를 듣고 받아 적은 후 그 단어의 뜻을 쓰세요. 받아쓰기 🎧

	English	Korean		English	Korean
1			14		
2			15		
3			16		
4			17		
5			18		
6			19		
7			20		
8			21		
9			22		
10			23		
11			24		
12			25		
13					

☐ **drawer** 901
[drɔːr]
명 서랍
put the clothes in the **drawer** 옷을 서랍에 넣다

☐ **loaf** 902
[louf]
명 빵 한 덩이
복 loaves
a **loaf** of bread 빵 한 덩이

☐ **man** 903
[mæn]
명 (성인) 남자, 사람
복 men
a nice **man** 좋은 사람
Man cannot live by bread alone.
사람은 빵만으로 살 수 없다.

☐ **mirror** 904
[mírər]
명 거울
look in the **mirror** 거울을 들여다보다

☐ **money** 905
[mʌ́ni]
명 돈, 금전
We all need **money**. 우리는 모두 돈이 필요하다.
make **money** 돈을 벌다

☐ **mother** 906
[mʌ́ðər]
명 어머니
My **mother** is great. 우리 어머니는 위대하다.

☐ **muscle** 907
[mʌ́sl]
명 근육, 근력
arm **muscles** 팔 근육

☐ **mystery** 908
[místəri]
명 미스터리, 수수께끼, 신비
파 mysterious 형 기이한, 신비한
solve a **mystery** 미스터리를 풀다

☐ **radio** 909
[réidiòu]
명 라디오
listen to the **radio** 라디오를 듣다
I heard the news on the **radio**.
나는 그 소식을 라디오로 들었다.

☐ **roof** 910
[ru(ː)f]
명 지붕
fix the **roof** 지붕을 고치다
the **roof** of a car 자동차의 지붕

☐ **sand** 911
[sænd]
명 모래, 모래사장
파 sandy 형 모래로 뒤덮인
play in the **sand** 모래에서 놀다

☐ **stage** 912
[steidʒ]
명 무대
on the **stage** 무대에서

☐ **stone** 913
[stoun]
명 돌, 돌멩이
throw a **stone** 돌을 던지다

☐ **tourist** 914 [tú(:)ərist]	몡 관광객 📘 tour 몡 여행, 관광 똉 관광하다	A lot of **tourists** visit here. 많은 관광객들이 여기를 방문한다.
☐ **Tuesday** 915 [tjú:zdei]	몡 화요일 📙 Tue., Tues.	every **Tuesday** 매주 화요일에
☐ **film** 916 [film]	몡 영화 똉 촬영하다, 찍다	my favorite **film** 내가 가장 좋아하는 영화 They will **film** in Europe. 그들은 유럽에서 촬영할 것이다.
☐ **pop** 917 [pɑp] (popped - popped)	몡 펑 하고 터지는 소리 똉 펑 하고 터지다[터뜨리다]	a loud **pop** 커다란 펑 소리 They will **pop** the balloons. 그들은 풍선을 펑 하고 터뜨릴 것이다.
☐ **seat** 918 [si:t]	몡 자리, 좌석 똉 앉다, 앉히다	a window **seat** 창가 좌석 Please be **seated**. 앉아주십시오.
☐ **study** 919 [stʌ́di] (studied - studied)	몡 연구, 학문 똉 공부하다, 배우다	make a **study** 연구를 하다 **study** for the exam 시험을 위해 공부하다
☐ **tail** 920 [teil]	몡 꼬리 똉 미행하다	a long **tail** 긴 꼬리 They didn't **tail** the man. 그들은 그 남자를 미행하지 않았다.
☐ **know** 921 [nou] (knew - known)	똉 알다, 알고 있다, 깨닫다	**know** the answers 정답을 알고 있다
☐ **melt** 922 [melt]	똉 녹다, 녹이다	The snow starts to **melt**. 눈이 녹기 시작한다.
☐ **another** 923 [ənʌ́ðər]	혱 또 하나의, 하나 더, 다른 때 또 하나	have **another** cake 케이크를 하나 더 먹다 ask for **another** 하나를 더 요청하다
☐ **crowded** 924 [kráudid]	혱 (사람들이) 붐비는 📘 crowd 몡 사람들, 군중	a **crowded** bus 붐비는 버스
☐ **weak** 925 [wi:k]	혱 약한, 힘이 없는 📙 weakness 몡 약함, 힘이 없음	have a **weak** heart 약한 심장을 가지고 있다

Voca Up   물질 명사 세는 법

loaf와 같은 단위 명사를 이용해 물질 명사의 단위를 나타낼 수 있다.
EX. a loaf of bread 빵 한 덩이   two loaves of bread 빵 두 덩이
     a piece of cake 케이크 한 조각   two pieces of cake 케이크 두 조각
     a glass of milk 우유 한 잔   two glasses of milk 우유 두 잔

EXERCISE

A 빈칸에 알맞은 단어를 보기에서 골라 쓰세요. (형태 변경 가능)

> crowded   film   loaf   melt

1 I will buy a _____ of bread.

2 My mother does not like _____ streets.

3 When does ice start to _____?

4 Let's go home and watch a _____.

B 빈칸에 알맞은 말을 넣어 어구를 완성하세요.

1 fix the _____ (라디오를 고치다)

2 hear a loud _____ (크게 펑 하는 소리를 듣다)

3 _____ big problem (또 하나의 큰 문제)

4 sing on the _____ (무대에서 노래하다)

5 have _____ muscles (근육이 약하다)

C 다음 두 문장에 공통으로 들어갈 단어를 쓰세요.

1 The small monkey has a long _t_____.

Did you _t_____ the mysterious man last weekend?

2 Chris will join the group for the _s_____.

Students need to _s_____ hard.

3 He wants to have a window _s_____.

Can I _s_____ myself here?

154

D 단어와 영어 뜻을 연결하세요. 영영풀이

1 weak   ·

2 study   ·

3 mystery ·

4 crowded ·

· ⓐ to learn about a thing

· ⓑ not strong

· ⓒ very full of people

· ⓓ something strange or unknown

E 영어 단어를 듣고 받아 적은 후 그 단어의 뜻을 쓰세요. 받아쓰기 🎧

English	Korean	English	Korean
1		14	
2		15	
3		16	
4		17	
5		18	
6		19	
7		20	
8		21	
9		22	
10		23	
11		24	
12		25	
13			

MP3

□ **calendar** 926
[kǽləndər]
명 달력, 일정표
check the **calendar** 달력을 확인하다

□ **front** 927
[frʌnt]
명 앞면, 앞쪽
형 앞쪽의
전 in front of ~의 앞에
the **front** of the house 집의 앞쪽
the **front** door 앞쪽의 문

□ **hiking** 928
[háikiŋ]
명 하이킹, 도보 여행
go **hiking** 하이킹 가다

□ **jungle** 929
[dʒʌ́ŋgl]
명 밀림 (지대), 정글
live in a **jungle** 정글에서 살다

□ **market** 930
[mɑ́ːrkit]
명 시장
go to the **market** 시장에 가다

□ **part** 931
[pɑːrt]
명 부분, 일부, 약간
part of my problem 내 문제의 일부
the best **part** of the song 그 노래에서 가장 좋은 부분

□ **plate** 932
[pleit]
명 접시, 한 접시
a **plate** of food 음식 한 접시

□ **sentence** 933
[séntəns]
명 문장, 글
a long **sentence** 긴 문장
say in a **sentence** 문장으로 말하다

□ **society** 934
[səsáiəti]
명 사회, 집단
파 social 형 사회의, 사회적인
in today's **society** 오늘날의 사회에서

□ **stranger** 935
[stréindʒər]
명 낯선 사람, 처음 온 사람
파 strange 형 이상한, 낯선
A **stranger** visited us. 낯선 사람이 우리를 방문했다.

□ **task** 936
[tæsk]
명 일, 과제, 과업, 임무
a difficult **task** 어려운 과제
complete a **task** 임무를 완수하다

□ **way** 937
[wei]
명 방법, 방식
명 길
a great **way** of working 일을 하는 아주 좋은 방법
the **way** to the bank 은행까지 가는 길
on my **way** home 집에 오는 도중에[길에]

□ **woman** 938
[wúmən]
명 여자, 여성
복 women
a kind **woman** 친절한 여자

☐ **cause** 939 [kɔːz]	몡 원인, 이유 동 ~을 야기하다[초래하다]	the **cause** of the problem 문제의 원인 **cause** an accident 사고를 야기하다
☐ **contact** 940 [kántækt]	몡 연락, 접촉 동 연락하다	I lost **contact** with her. 나는 그녀와 연락이 끊겼다. He didn't **contact** his family. 그는 가족들과 연락하지 않았다.
☐ **fan** 941 [fæn] (fanned - fanned)	몡 선풍기, 부채 동 부채질을 하다	turn on the **fan** 선풍기를 켜다 **fan** myself with my hand 손으로 부채질을 하다
☐ **search** 942 [səːrtʃ]	몡 찾기, 수색 동 찾아보다, 수색하다 웹 search for ~을 찾다	a long **search** 오랜 수색 They **searched** the park for the boy. 그들은 소년을 찾기 위해 공원을 수색했다.
☐ **step** 943 [step] (stepped - stepped)	몡 걸음, 걸음걸이 동 (발을) 디디다, 걷다	take a **step** 한 걸음을 내딛다 **step** carefully 조심해서 걷다
☐ **type** 944 [taip]	몡 유형, 종류 동 입력하다, 타이프하다	What **type** of clothes do you like? 당신은 어떤 종류의 옷을 좋아하나요? I can **type** very fast. 나는 아주 빨리 타이프할 수 있다.
☐ **hang** 945 [hæŋ] (hung - hung)	동 걸다, 매달다 웹 hang out ~에서 많은 시간을 보내다	**Hang** your coat and hat. 외투와 모자를 거세요.
☐ **serve** 946 [səːrv]	동 제공하다, 차려주다 패 service 몡 서비스	**serve** a wonderful meal 훌륭한 식사를 제공하다 Breakfast is **served**. 아침 식사가 제공된다.
☐ **spoil** 947 [spɔil]	동 망치다, 못쓰게 하다	**spoil** the party 파티를 망치다
☐ **vote** 948 [vout]	동 투표하다	I am too young to **vote**. 나는 투표하기에는 너무 어리다.
☐ **blank** 949 [blæŋk]	휑 비어 있는, 빈 몡 빈칸, 여백	a **blank** TV screen 아무것도 없는 텔레비전 화면 fill in the **blanks** 빈칸을 채우다
☐ **worried** 950 [wə́ːrid]	휑 걱정하는, 걱정스러운 웹 be worried about ~에 대해 걱정하다	a **worried** look 걱정스러운 표정

EXERCISE

정답 pp.170~175

A 빈칸에 알맞은 단어를 보기에서 골라 쓰세요. (형태 변경 가능)

> fan   serve   calendar   task

1 We need a new _____ for next year.

2 Max finished the difficult _____ today.

3 Can you turn on the _____ for me?

4 She will _____ a good dinner for us.

B 빈칸에 알맞은 말을 넣어 어구를 완성하세요.

1 take a _____ back (한 걸음 뒤로 가다)

2 meet a _____ (낯선 사람을 만나다)

3 in _____ of the store (그 가게 앞에)

4 be _____ about the test (시험에 대해 걱정하다)

5 _____ in my bag for some coins (가방 안에서 동전을 찾아보다)

C 문장에 맞게 밑줄 친 단어의 뜻을 쓰세요.

1 You can <u>contact</u> me by email.

2 What <u>type</u> of person does he like?

3 They will find out the <u>cause</u> of the fire.

4 Does anybody know the <u>way</u> from here to the zoo?

5 Write your address in the <u>blank</u> below.

D 단어와 영어 뜻을 연결하세요. 영영풀이

1 serve ·   · ⓐ without words or pictures

2 cause ·   · ⓑ to look for something

3 blank ·   · ⓒ to give food or drink

4 search ·   · ⓓ to make something happen

E 영어 단어를 듣고 받아 적은 후 그 단어의 뜻을 쓰세요. 받아쓰기 🎧

English	Korean	English	Korean
1		14	
2		15	
3		16	
4		17	
5		18	
6		19	
7		20	
8		21	
9		22	
10		23	
11		24	
12		25	
13			

DAY 39

MP3

□ **dragon** 951 [drǽgən]	몡 용 📷 dragonfly 몡 잠자리	The **dragon** loved the princess. 그 용은 공주를 사랑했다.
□ **envelope** 952 [énvəlòup]	몡 봉투	write the address on the **envelope** 봉투에 주소를 쓰다
□ **example** 953 [igzǽmpl]	몡 예, 사례, 본보기	give me an **example** 예를 들어주다 for **example** 예를 들어
□ **fact** 954 [fækt]	몡 사실, 실제	Tell me the **facts**. 나에게 사실을 말하세요. in **fact** 사실은
□ **factory** 955 [fǽktəri]	몡 공장 📷 factories	a car **factory** 자동차 공장 work in a **factory** 공장에서 일하다
□ **firework** 956 [fáiərwə̀ːrk]	몡 폭죽, 불꽃놀이	see the **fireworks** 불꽃놀이를 보다
□ **half** 957 [hæf]	몡 반, 절반 때 반, 절반 📷 halves	one and a **half** hours 한 시간 반 **half** of the money 돈의 절반
□ **Mars** 958 [mɑːrz]	몡 화성 📷 the Red Planet 화성	Is there water on **Mars**? 화성에 물이 있나요?
□ **riddle** 959 [rídl]	몡 수수께끼	solve a **riddle** 수수께끼를 풀다 guess a **riddle** 수수께끼를 알아맞히다
□ **stomach** 960 [stʌ́mək]	몡 위, 배	She has a small **stomach**. 그녀는 위가 작다.
□ **supermarket** [sjúːpərmàːrkit] 961	몡 슈퍼마켓	in front of the **supermarket** 슈퍼마켓 앞에서
□ **tongue** 962 [tʌŋ]	몡 혀 몡 언어	a long **tongue** 긴 혀 the mother **tongue** 모국어
□ **toothpick** 963 [túːθpìk]	몡 이쑤시개	use a **toothpick** 이쑤시개를 사용하다
□ **snake** 964 [sneik]	몡 뱀 툉 구불구불 가다	I don't like **snakes**. 나는 뱀을 좋아하지 않는다. The river **snakes** between the mountains. 그 강은 산 사이를 구불구불 흐른다.

☐ **snow** ⁹⁶⁵ [snou]	명 눈 통 눈이 오다 🔁 snowy 형 눈이 많이 내리는	play in the **snow** 눈에서 놀다 It **snowed** all night. 밤새 눈이 왔다.
☐ **telephone** ⁹⁶⁶ [téləfòun]	명 전화, 전화기 통 전화를 걸다 🔁 phone	answer the **telephone** 전화를 받다 **telephone** the police 경찰에 전화를 걸다
☐ **wave** ⁹⁶⁷ [weiv]	명 파도, 물결 통 (손·팔을) 흔들다 🔁 wavy 형 물결 모양의	ride the **waves** 파도를 타다 **wave** my hand 내 손을 흔들다
☐ **float** ⁹⁶⁸ [flout]	통 뜨다, 흘러가다	Wood **floats**. 나무는 물에 뜬다.
☐ **like** ⁹⁶⁹ [laik]	통 좋아하다 전 ~와 비슷한, ~처럼	I **like** my mother. 나는 우리 엄마가 좋다. I am **like** my mother. 나는 우리 엄마와 비슷하다.
☐ **pull** ⁹⁷⁰ [pul]	통 당기다, 끌다	He **pulled** my arm. 그가 내 팔을 당겼다. **pull** the door shut 문을 당겨서 닫다
☐ **frozen** ⁹⁷¹ [fróuzən]	형 냉동된 형 얼어붙은 🔁 freeze 통 얼다, 얼리다	**frozen** food 냉동 식품 **frozen** in fear 두려움에 얼어붙은
☐ **pure** ⁹⁷² [pjuər]	형 (섞인 것 없이) 순수한, 깨끗한	**pure** water 깨끗한 물
☐ **various** ⁹⁷³ [vέ(:)əriəs]	형 여러 가지의, 다양한 🔁 vary 통 서로 다르다, 다양하다	**various** shapes and colors 다양한 모양과 색
☐ **worse** ⁹⁷⁴ [wəːrs]	형 더 나쁜[못한] 🔁 bad의 비교급	The weather got **worse**. 날씨가 더 나빠졌다.
☐ **after** ⁹⁷⁵ [ǽftər]	전 ~ 뒤에, ~ 후에, ~ 다음에 🔁 before 전 앞에, 전에	**after** the rain 비가 온 뒤에

Voca Up	비교급/최상급 불규칙 변화

비교급과 최상급이 불규칙하게 변하는 형용사가 있다.
EX. bad - worse - worst (나쁜 - 더 나쁜 - 가장 나쁜)
good - better - best (좋은 - 더 좋은 - 가장 좋은)
many - more - most (많은 - 더 많은 - 가장 많은)

EXERCISE

정답 pp.170~175

A 빈칸에 알맞은 단어를 보기에서 골라 쓰세요. (형태 변경 가능)

> Mars   various   supermarket   snow

1 The _____ starts to melt.

2 There are _____ ways of doing the task.

3 People say that there is water on _____.

4 We buy fruits and vegetables in this _____.

B 빈칸에 알맞은 말을 넣어 어구를 완성하세요.

1 _____ school (학교가 끝난 후에)

2 open the _____ (봉투를 열다)

3 _____ the handle (손잡이를 당기다)

4 play _____ a child (아이처럼 놀다)

5 for two and a _____ hours (2시간 30분 동안)

C 우리말을 참고하여 문장 속에 알맞은 단어를 써 넣으세요.

1 Can you solve the _____? (당신은 그 수수께끼를 풀 수 있나요?)

2 This toy does not _____ in the water. (이 장난감은 물에서 뜨지 않는다.)

3 His case was _____ than mine. (그의 사례는 내 사례보다 더 나빴다.)

4 _____ your hand at your friends. (친구들에게 손을 흔들어 주세요.)

5 Do they often eat _____ food? (그들은 냉동 식품을 자주 먹나요?)

D 단어와 영어 뜻을 연결하세요. 영영풀이

1 various · · ⓐ a large shop

2 pure · · ⓑ to enjoy

3 like · · ⓒ very clean

4 supermarket · · ⓓ many different

E 영어 단어를 듣고 받아 적은 후 그 단어의 뜻을 쓰세요. 받아쓰기 🎧

English	Korean	English	Korean
1		14	
2		15	
3		16	
4		17	
5		18	
6		19	
7		20	
8		21	
9		22	
10		23	
11		24	
12		25	
13			

□ **actress** 976
[金ktris]
명 여배우
웹 actor 명 남자 배우
a popular **actress** 인기 있는 여배우

□ **bone** 977
[boun]
명 뼈
The fish has a lot of **bones**. 그 생선은 뼈가 많다.

□ **bottom** 978
[bátəm]
명 맨 아래, 바닥
형 맨 아래쪽의
the **bottom** of the river 강 바닥
the **bottom** shelf 맨 아래 선반

□ **chin** 979
[tʃin]
명 턱
He has a big **chin**. 그는 턱이 크다.

□ **choice** 980
[tʃɔis]
명 선택, 선택권
웹 choose 동 선택하다, 고르다
a difficult **choice** 어려운 선택

□ **flour** 981
[fláuər]
명 밀가루
Cake is made with **flour**.
케이크는 밀가루로 만들어진다.

□ **husband** 982
[hʌzbənd]
명 남편
웹 wife 명 아내
She loves her **husband**. 그녀는 남편을 사랑한다.

□ **job** 983
[dʒab]
명 일, 직장, 직업
get a **job** 취직하다
have a part-time **job** 시간제로 일하다

□ **nurse** 984
[nə:rs]
명 간호사
work as a **nurse** 간호사로 일하다

□ **ocean** 985
[óuʃən]
명 바다, 대양
swim in the **ocean** 바다에서 수영하다
the Pacific **Ocean** 태평양

□ **road** 986
[roud]
명 도로, 길
a main **road** 주 도로
The **road** is very wide. 그 도로는 아주 넓다.

□ **statue** 987
[státʃu:]
명 조각상
He made a **statue** of the queen.
그는 여왕 조각상을 제작했다.

□ **stomachache**
[stʌməkeik] 988
명 위통, 복통
웹 stomach 명 배, 위
have a **stomachache** 복통이 있다

☐ **cry** 989 [krai] (cried - cried)	몡 울음, 고함 동 울다, 소리치다	have a good **cry** 맘껏 울다 Don't **cry**. 울지 마세요.
☐ **hunt** 990 [hʌnt]	몡 사냥 동 사냥하다	go on a **hunt** 사냥을 가다 **hunt** wild animals 야생 동물을 사냥하다
☐ **wag** 991 [wæg] (wagged - wagged)	몡 흔들기 동 흔들다	a **wag** of the head 머리 흔들기 The dog **wags** his tail. 그 개가 꼬리를 흔든다.
☐ **beat** 992 [bi:t] (beat - beaten)	동 이기다 동 때리다, 두드리다	I will **beat** him. 내가 그를 이길 것이다. He **beat** at the door. 그는 문을 두드렸다.
☐ **die** 993 [dai] (died - died)	동 죽다, 사라지다 앱 death 몡 죽음	I don't want to **die**. 나는 죽고 싶지 않다.
☐ **return** 994 [ritə́:rn]	동 돌아오다, 돌아가다 동 반납하다, 돌려주다	**return** home 집으로 돌아오다 **return** the books to the library 도서관에 책을 반납하다
☐ **tease** 995 [ti:z]	동 놀리다, 장난하다 앱 teasing 형 짓궂게 괴롭히는	Do not **tease** your friends. 친구들을 놀리지 마세요.
☐ **scary** 996 [skɛ́(:)əri] (scarier - scariest)	형 무서운, 겁나는 앱 scare 동 겁을 주다	a **scary** story 무서운 이야기
☐ **true** 997 [tru:]	형 사실인, 진짜의 앱 truth 몡 사실, 진실	a **true** story 실화
☐ **unique** 998 [ju:ní:k]	형 독특한, 유일무이한 앱 uniquely 부 독특하게	Your shoes look **unique**. 당신의 신발은 독특해 보인다.
☐ **above** 999 [əbʌ́v]	전 ~보다 위에[위로] 부 위에[위로]	fly **above** the trees 나무 위로 날아가다 as I mentioned **above** 내가 위에 말한대로
☐ **below** 1000 [bilóu]	전 ~ 아래에, ~ 밑에 부 아래에, 밑에	My name was **below** the title. 내 이름은 제목 아래에 있었다. Look at the sea **below**. 아래에 바다를 보세요.

Voca Up	형용사 + -th = 명사

형용사 뒤에 -th를 붙여서 명사를 만들기도 한다.

EX. true(사실인, 진짜의) + th(접미사) = truth(사실, 진실)   dead(죽은) + th = death(죽음)
　　 warm(따뜻한) + th = warmth(따뜻함)   deep(깊은) + th = depth(깊이)

EXERCISE

정답 pp.170~175

A 빈칸에 알맞은 단어를 보기에서 골라 쓰세요. (형태 변경 가능)

> above　　　　true　　　　husband　　　　return

1 My sister's _____ is looking for a job.

2 We know that it is a _____ story.

3 The plane was flying _____ the clouds.

4 Did you _____ the books?

B 빈칸에 알맞은 말을 넣어 어구를 완성하세요.

1 a _____ movie (무서운 영화)

2 the _____ of a baby (아기의 울음)

3 the bottom of the _____ (바다의 바닥)

4 run along the _____ (도로를 따라 달리다)

5 have a terrible _____ (심한 복통이 있다)

C 문장에 맞게 밑줄 친 단어의 뜻을 쓰세요.

1 Make a _____ about dinner. (저녁에 대해 선택하세요.)

2 Owls always _____ at night. (부엉이는 항상 밤에 사냥한다.)

3 The children _____ on the table. (아이들이 테이블 위를 두드렸다.)

4 Everyone is very _____ and special.
(모든 사람이 아주 독특하고 특별하다.)

5 My dog did not _____ his tail at me.
(나의 개가 나에게 꼬리를 흔들지 않았다.)

D 단어와 영어 뜻을 연결하세요. 영영풀이

1 die   ·   · ⓐ the lowest part

2 stomachache ·   · ⓑ an act of choosing

3 bottom   ·   · ⓒ to stop living

4 choice   ·   · ⓓ a pain in the stomach

E 영어 단어를 듣고 받아 적은 후 그 단어의 뜻을 쓰세요. 받아쓰기

English	Korean	English	Korean
1		14	
2		15	
3		16	
4		17	
5		18	
6		19	
7		20	
8		21	
9		22	
10		23	
11		24	
12		25	
13			

MEMO

ANSWER
KEY

DAY 01

A 1 favorite 2 math
3 clean 4 usually
B 1 different 2 weekend
3 answer 4 practice
5 around
C 1 clean 2 last
3 early
D 1 ⓑ 2 ⓐ 3 ⓓ 4 ⓒ

DAY 02

A 1 smart 2 need
3 theater 4 watch
B 1 useful 2 delicious
3 activity 4 each
5 story
C 1 close 2 second
3 question 4 trip
5 often
D 1 ⓓ 2 ⓒ 3 ⓐ 4 ⓑ

DAY 03

A 1 everything 2 together
3 wash 4 cute
B 1 strange 2 wrong
3 dish 4 along
5 advice
C 1 운동하다 2 불을 붙이다
3 매우, 꽤 4 재미있는
5 늦은, 지각한
D 1 ⓒ 2 ⓑ 3 ⓓ 4 ⓐ

DAY 04

A 1 careful 2 cell phone
3 wear 4 famous
B 1 museum 2 angry

3 animal 4 save
5 go
C 1 moment 2 snack
3 put 4 lie
5 sweet
D 1 ⓑ 2 ⓒ 3 ⓓ 4 ⓐ

DAY 05

A 1 expensive 2 baseball
3 tomorrow 4 think
B 1 important 2 funny
3 ride 4 excited
5 introduce
C 1 fast 2 sleep
3 better
D 1 ⓑ 2 ⓓ 3 ⓒ 4 ⓐ

DAY 06

A 1 believe 2 busy
3 report 4 under
B 1 between 2 kind
3 group 4 sing
5 vacation
C 1 sure 2 camp
3 face 4 street
5 forget
D 1 ⓒ 2 ⓐ 3 ⓓ 4 ⓑ

DAY 07

A 1 lunch 2 tired
3 use 4 show
B 1 member 2 traditional
3 worry 4 other
5 loud
C 1 cook 2 fall
3 straight
D 1 ⓒ 2 ⓓ 3 ⓑ 4 ⓐ

DAY 08

A 1 fly   2 full
   3 grade   4 Both

B 1 present   2 friendly
   3 drink   4 place
   5 plant

C 1 winter   2 homework
   3 heavy   4 Many
   5 However

D 1 ⓑ   2 ⓒ   3 ⓐ   4 ⓓ

DAY 09

A 1 remember   2 almost
   3 ready   4 anything

B 1 movie   2 stay
   3 amazing   4 laugh
   5 lost

C 1 smell   2 mean
   3 change

D 1 ⓒ   2 ⓐ   3 ⓓ   4 ⓑ

DAY 10

A 1 dessert   2 brush
   3 enough   4 stand

B 1 once   2 trash
   3 own   4 smile
   5 secret

C 1 cool   2 picnic
   3 fight   4 slowly
   5 wait

D 1 ⓓ   2 ⓒ   3 ⓑ   4 ⓐ

DAY 11

A 1 comic   2 prize
   3 something   4 throw

B 1 feed   2 shout

   3 future   4 through
   5 hobby

C 1 오른쪽의, 우측의   2 건네주다
   3 놀라운 소식   4 중국어
   5 밖에서

D 1 ⓑ   2 ⓒ   3 ⓓ   4 ⓐ

DAY 12

A 1 next   2 boring
   3 newspaper   4 carry

B 1 dance   2 village
   3 board   4 balloon
   5 nervous

C 1 cut   2 sometimes
   3 bike[bicycle]   4 happen
   5 difficult

D 1 ⓒ   2 ⓓ   3 ⓑ   4 ⓐ

DAY 13

A 1 exciting   2 musical
   3 culture   4 write

B 1 near   2 plane
   3 club   4 middle
   5 cheap

C 1 store   2 cold
   3 sign/Sign

D 1 ⓓ   2 ⓐ   3 ⓒ   4 ⓑ

DAY 14

A 1 health   2 surprising
   3 week   4 during

B 1 feel   2 helmet
   3 dangerous   4 gold
   5 writer

C 1 주차하다   2 반가운, 환영받는
   3 (손가락으로) 가리키다   4 꺾다, 따다
   5 곰

D 1 ⓒ 2 ⓓ 3 ⓑ 4 ⓐ

DAY 15

A 1 umbrella 2 mountain
3 wise 4 silver
B 1 idea 2 enjoy
3 about 4 plan
5 little
C 1 check 2 ask
3 must
D 1 ⓑ 2 ⓓ 3 ⓐ 4 ⓒ

DAY 16

A 1 evening 2 simple
3 rich 4 bookstore
B 1 collect 2 line
3 proud 4 fish[fishes]
5 never
C 1 matter 2 building
3 hot 4 actor
5 train
D 1 ⓑ 2 ⓒ 3 ⓓ 4 ⓐ

DAY 17

A 1 headache 2 pocket
3 garden 4 center
B 1 windy 2 talk
3 soft 4 steak
5 recycle
C 1 꿈꾸다 2 건네주다, 넘겨주다
3 깊은 4 건너다
5 디자인
D 1 ⓓ 2 ⓒ 3 ⓑ 4 ⓐ

DAY 18

A 1 subway 2 tour

3 send 4 poor
B 1 enter 2 bridge
3 fashion 4 in
5 on
C 1 waste 2 hope
3 free
D 1 ⓑ 2 ⓓ 3 ⓐ 4 ⓒ

DAY 19

A 1 forever 2 brown
3 medicine 4 floor
B 1 symbol 2 exam
3 artist 4 set
5 lucky
C 1 bored 2 quickly
3 look 4 corner
5 only
D 1 ⓒ 2 ⓐ 3 ⓓ 4 ⓑ

DAY 20

A 1 speech 2 drop
3 join 4 anyway
B 1 voice 2 bank
3 boat 4 weight
5 would
C 1 어두운, 캄캄한 2 더 적게, 덜하게
3 착륙하다 4 치우다
5 방
D 1 ⓒ 2 ⓓ 3 ⓑ 4 ⓐ

DAY 21

A 1 eat 2 glass
3 for 4 morning
B 1 pleased 2 map
3 read 4 night
5 quiz
C 1 동그라미를 그리다 2 논평

3 속도   4 지도하다
5 일반적인

D 1 ⓓ   2 ⓐ   3 ⓒ   4 ⓑ

DAY 22

A 1 skirt   2 buy
3 anyone   4 coin

B 1 curly   2 magic
3 world   4 outdoor
5 polite

C 1 시험하다   2 규칙
3 (새로운 말을) 만들다
4 득점을 올리다, 득점하다
5 어떤 것

D 1 ⓑ   2 ⓐ   3 ⓓ   4 ⓒ

DAY 23

A 1 forest   2 pay
3 ugly   4 machine

B 1 protect   2 across
3 weekly   4 branch
5 wall

C 1 sound   2 key
3 inside

D 1 ⓓ   2 ⓒ   3 ⓑ   4 ⓐ

DAY 24

A 1 find   2 moon
3 sit   4 butterfly

B 1 garbage[trash]   2 meeting
3 perfect   4 reach
5 breath

C 1 메모, 편지   2 몇몇, 조금, 일부
3 약속하다   4 끝내다, 마치다
5 행진, 행군, 가두시위

D 1 ⓑ   2 ⓓ   3 ⓐ   4 ⓒ

DAY 25

A 1 possible   2 Suddenly
3 wide   4 talent

B 1 asleep   2 shoulder
3 receive   4 safe
5 island

C 1 best   2 shape
3 high

D 1 ⓒ   2 ⓓ   3 ⓐ   4 ⓑ

DAY 26

A 1 allowance   2 care
3 later   4 fair

B 1 trouble   2 forgive
3 nickname   4 most
5 blind

C 1 button   2 sale
3 amusement park   4 hole
5 role

D 1 ⓑ   2 ⓒ   3 ⓓ   4 ⓐ

DAY 27

A 1 bicycle   2 fail
3 powerful   4 avoid

B 1 thick   2 blanket
3 reuse   4 fire station
5 German

C 1 burn   2 cover
3 water

D 1 ⓒ   2 ⓐ   3 ⓓ   4 ⓑ

DAY 28

A 1 bathroom   2 keep
3 someday   4 low

B 1 break   2 old
3 farm   4 player

5 easy

C 1 far   2 open

3 lazy   4 family

5 word

D 1 ⓒ   2 ⓓ   3 ⓐ   4 ⓑ

DAY 29

A 1 seem   2 course

3 email   4 snail

B 1 spicy   2 hurry

3 playground   4 ship

5 post office

C 1 heat   2 help

3 record   4 while

5 until

D 1 ⓒ   2 ⓐ   3 ⓓ   4 ⓑ

DAY 30

A 1 starfish   2 shadow

3 run   4 among

B 1 down   2 portrait

3 feeling   4 price

5 explain

C 1 복사하다, 베끼다   2 경관, 전망

3 경보(음), 경고 신호   4 연기하다

5 그러므로, 그러니까

D 1 ⓓ   2 ⓒ   3 ⓑ   4 ⓐ

DAY 31

A 1 sunset   2 judge

3 classical   4 somebody

B 1 magazine   2 fantastic

3 result   4 tale

5 weigh

C 1 space   2 sugar

3 Nobody[No one]   4 count

5 life

D 1 ⓓ   2 ⓐ   3 ⓑ   4 ⓒ

DAY 32

A 1 candle   2 gym

3 treat   4 bright

B 1 walk   2 cough

3 chat   4 want

5 here

C 1 알아맞히다, 추측하다   2 힘든, 어려운

3 일하다, 근무하다   4 대단히, 몹시, 아주

5 만지다, 건드리다

D 1 ⓑ   2 ⓒ   3 ⓓ   4 ⓐ

DAY 33

A 1 noon   2 brave

3 solve   4 mix

B 1 win   2 shorts

3 repeat   4 sell

5 as

C 1 lead   2 sink

3 play

D 1 ⓑ   2 ⓐ   3 ⓓ   4 ⓒ

DAY 34

A 1 hill   2 round

3 tonight   4 gesture

B 1 exit   2 novel

3 neighbor   4 end

5 humorous

C 1 top   2 stupid

3 Olympic   4 holiday

5 flood

D 1 ⓑ   2 ⓓ   3 ⓐ   4 ⓒ

DAY 35

A 1 Please   2 address

3 mysterious   4 award

B 1 bowl   2 chance

3 jump   4 missing

5 upstairs

C 1 list   2 wish

3 hard

D 1 ⓓ   2 ⓒ   3 ⓐ   4 ⓑ

DAY 36

A 1 housework   2 When

3 lot   4 bitter

B 1 shy   2 tie

3 level   4 flag

5 wet

C 1 produce   2 elderly

3 ice   4 knee

5 kiss

D 1 ⓓ   2 ⓐ   3 ⓑ   4 ⓒ

DAY 37

A 1 loaf   2 crowded

3 melt   4 film

B 1 radio   2 pop

3 another   4 stage

5 weak

C 1 tail   2 study

3 seat

D 1 ⓑ   2 ⓐ   3 ⓓ   4 ⓒ

DAY 38

A 1 calendar   2 task

3 fan   4 serve

B 1 step   2 stranger

3 front   4 worried

5 search

C 1 연락하다   2 유형, 종류

3 원인   4 길

5 빈칸

D 1 ⓒ   2 ⓓ   3 ⓐ   4 ⓑ

DAY 39

A 1 snow   2 various

3 Mars   4 supermarket

B 1 after   2 envelope

3 pull   4 like

5 half

C 1 riddle   2 float

3 worse   4 Wave

5 frozen

D 1 ⓓ   2 ⓒ   3 ⓑ   4 ⓐ

DAY 40

A 1 husband   2 true

3 above   4 return

B 1 scary   2 cry

3 ocean   4 road

5 stomachache

C 1 choice   2 hunt

3 beat   4 unique

5 wag

D 1 ⓒ   2 ⓓ   3 ⓐ   4 ⓑ

butter	136	clever	101	deep	73
butterfly	100	climb	61	deeply	133
button	109	clock	112	delicious	13
buy	93	close	12	dentist	104
		clothes	24	desert	124
		cloudy	101	design	73
C		club	56	desk	132
calendar	156	coach	89	dessert	44
camel	100	coin	92	diary	132
camp	28	cold	57	die	165
candle	132	collect	69	diet	121
cap	24	college	148	different	9
captain	100	color	112	difficult	53
care	109	comedy	148	dinner	16
careful	21	comic	49	dinosaur	148
carrot	144	company	132	dirty	53
carry	52	contact	157	dish	16
cartoon	64	contest	20	doctor	116
case	44	cook	32	dollar	112
catch	145	cool	45	door	112
cause	157	copy	125	down	125
cell phone	20	corner	80	dragon	160
center	72	cough	132	drama	124
central	101	count	129	draw	65
chair	20	country	36	drawer	152
chance	144	course	120	dream	73
change	40	court	124	dress	68
character	136	cousin	52	drink	36
chat	132	cover	112	drive	37
cheap	57	cow	128	drop	84
check	64	cross	72	dry	85
cheer	80	crowded	153	during	61
chicken	24	cry	165		
children	20	culture	56		
chin	164	curly	93	**E**	
Chinese	49	cut	52	each	13
choice	164	cute	17	early	9
choose	37			earth	80
chopstick	108			easy	117
circle	88	**D**		eat	89
city	112	dance	52	egg	148
class	32	dangerous	61	elderly	149
classical	129	dark	85	elephant	24
classmate	60	date	96	else	53
classroom	56	daughter	128	email	121
clean	8	day	148	end	141
clear	85	dead	113	energy	80

England	16	field	48	fun	16
enjoy	65	fight	44	funny	25
enough	45	fill	77	future	48
enter	77	film	153		
envelope	160	finally	33	**G**	
Europe	136	find	101		
even	25	fine	37	garbage	100
evening	68	finger	112	garden	72
event	60	finish	100	gate	132
everybody	129	fire	140	general	89
everyday	77	fire station	112	German	113
everyone	41	firework	160	gesture	140
everything	17	first	13	get	93
everywhere	69	fish	68	gift	64
exam	80	fix	105	glad	17
example	160	flag	148	glass	88
excited	25	flash	125	glasses	52
exciting	57	flat	109	glove	148
exercise	16	float	161	go	21
exit	141	flood	141	gold	60
expensive	25	floor	80	good	101
explain	125	flour	164	grade	36
eye	148	flower	80	grandfather	100
		fly	36	grandparent	68
		follow	81	gray	89
F		food	68	great	9
face	28	foot	136	green	97
fact	160	football	96	greet	129
factory	160	for	89	ground	48
fail	113	foreign	69	group	28
fair	109	foreigner	76	grow	81
fall	32	forest	96	guess	132
family	116	forever	81	guitar	16
famous	21	forget	29	gym	132
fan	157	forgive	109		
fantastic	129	fourteen	132	**H**	
far	117	free	77		
farm	116	French	53	hair	116
fashion	76	fresh	41	half	160
fast	25	Friday	56	hall	148
favorite	9	friend	68	hand	73
feed	49	friendly	37	handsome	61
feel	61	from	89	hang	157
feeling	124	front	156	happen	52
festival	36	frozen	161	happy	29
fever	144	fruit	28	hard	145
few	145	full	37	hat	32

head	12	invite	49	left	65
headache	72	island	104	leg	40
health	60	Italian	105	less	85
hear	133			lesson	8
heart	88			let	65
heat	121	**J**		letter	96
heavy	37	January	88	level	149
helmet	60	Japanese	61	library	12
help	121	jeans	104	lie	20
here	133	job	164	life	128
hero	128	jog	97	light	16
high	105	join	85	like	161
hike	76	joke	129	line	69
hiking	156	judge	129	list	145
hill	140	jump	144	listen	57
history	28	jungle	156	little	65
hobby	48	just	141	live	25
hold	45			loaf	152
hole	108			lonely	53
holiday	140	**K**		long	29
hometown	104	keep	117	look	80
homework	36	key	96	lose	93
hope	76	kill	117	lost	41
horse	72	kind	29	lot	148
hospital	48	kiss	149	loud	33
hot	69	kitchen	88	lovely	21
hour	56	knee	148	low	117
house	92	know	153	luck	72
housework	148			lucky	81
however	37			lunch	32
humorous	141	**L**			
hungry	13	lady	104		
hunt	165	lake	88	**M**	
hurry	121	land	85	machine	96
hurt	40	language	48	magazine	128
husband	164	large	61	magic	92
		last	9	make	89
		late	17	man	152
I		later	49	many	37
ice	148	later	109	map	88
idea	64	laugh	40	march	100
ill	149	lazy	117	mark	149
important	25	lead	136	market	156
in	77	leader	72	Mars	160
inside	97	leaf	48	math	8
interesting	33	learn	8	matter	69
introduce	24	leave	33	may	65

maybe	41	neighbor	140	pass	49
meal	28	nervous	53	pay	96
mean	40	nest	88	pencil	12
medicine	80	never	69	people	52
meet	12	newspaper	52	perfect	101
meeting	100	next	53	performance	84
melt	153	nice	93	person	32
member	32	nickname	108	pet	8
middle	56	night	88	phone	56
midnight	84	nobody	129	photo	72
mine	80	noon	136	pianist	88
minute	36	nose	96	pick	61
miracle	124	note	100	picnic	44
mirror	152	nothing	49	picture	8
missing	145	novel	140	piece	32
mix	137	November	84	pill	120
moment	20	number	56	pilot	92
Monday	116	nurse	164	pink	77
money	152			place	36
monkey	116			plan	64
month	64	**O**		plane	56
moon	100	ocean	164	plant	37
more	65	office	84	plastic	57
morning	88	often	13	plate	156
most	109	old	117	play	136
mother	152	Olympic	141	player	116
mountain	64	on	77	playground	120
move	53	once	45	please	145
movie	40	only	81	pleased	89
much	69	open	117	pocket	72
muscle	152	other	33	point	60
museum	20	outdoor	93	police officer	140
mushroom	104	outside	49	police station	120
music	52	over	85	polite	93
musical	57	own	45	pond	96
must	65			pool	120
myself	129			poor	77
mysterious	145	**P**		pop	153
mystery	152	paint	48	popular	21
		painter	56	portrait	124
		palace	92	possible	105
N		paper	36	post office	120
narrow	141	parent	20	poster	64
nature	60	park	60	potato	76
near	57	part	156	powerful	113
neck	88	partner	28	pratice	8
need	13	party	104	present	37

pretty	17
price	124
prince	140
princess	140
prison	144
prize	48
problem	16
produce	149
promise	101
protect	97
proud	69
pull	161
pure	161
purple	145
push	89
put	21

Q

queen	76
question	12
quickly	81
quite	41
quiz	88

R

rabbit	64
race	24
racket	92
radio	152
rain	104
rainbow	140
rainy	57
raise	25
reach	101
read	89
ready	41
real	57
really	9
receive	105
record	121
recycle	73
red	109
referee	124
remember	40
repeat	137

report	29
rest	21
restaurant	24
result	129
return	165
reuse	113
review	89
rice	120
rich	69
riddle	160
ride	24
right	49
ring	80
river	20
road	164
rock	132
role	108
roof	152
room	84
rope	132
round	141
royal	113
rule	92
run	125

S

sad	73
safe	105
sale	108
salt	92
same	33
sand	152
Saturday	44
save	21
scary	165
school	16
science	16
scientist	44
score	92
sea	116
seafood	136
search	157
season	100
seat	153
second	13
secret	45

seem	121
sell	137
send	77
sentence	156
September	124
serve	157
set	81
shadow	124
shape	104
shine	137
ship	120
shirt	60
shoe	56
shop	92
short	137
shorts	136
should	85
shoulder	104
shout	48
show	32
shy	149
sick	9
sign	57
silver	64
simple	69
sing	29
sink	136
sister	40
sit	101
size	128
skill	108
skirt	92
sleep	24
sleepy	81
slowly	45
small	61
smart	13
smell	40
smile	44
smooth	97
snack	20
snail	120
snake	160
snow	161
snowy	117
soccer	12
society	156

sock	104	strike	149	thick	113
soft	73	strong	9	thin	121
solve	137	student	116	thing	8
some	101	study	153	think	25
somebody	129	stupid	141	third	97
someday	117	subject	36	thirsty	81
someone	93	subway	76	thirteen	128
something	49	suddenly	105	thousand	128
sometimes	53	sugar	128	through	49
son	120	summer	40	throw	49
song	120	Sunday	72	Thursday	96
soon	73	sunny	33	ticket	40
sound	96	sunset	128	tie	149
space	128	sunshine	120	tiny	113
speak	16	supermarket	160	tip	64
special	9	sure	29	tired	33
speech	84	surprise	48	today	53
speed	89	surprising	61	together	17
spend	125	sweater	72	tomorrow	25
spicy	121	sweet	21	tongue	160
spoil	157	swim	40	tonight	141
sport	44	swimming	128	tooth	40
spring	92	symbol	80	toothpick	160
stage	152			top	140
stand	44	**T**		topic	136
star	104			touch	133
starfish	124	table	28	tough	133
start	101	tail	153	tour	76
station	56	tale	128	tourist	153
statue	164	talent	104	tower	76
stay	41	talk	73	town	44
steak	72	tall	65	traditional	33
step	157	task	156	traffic	72
stick	32	taste	29	train	68
still	13	teach	17	trash	44
stomach	160	teacher	28	travel	32
stomachache	164	tear	109	treat	133
stone	152	tease	165	trip	12
store	57	teenager	84	trouble	108
story	12	telephone	161	true	165
straight	33	tell	93	try	45
strange	17	terrible	45	Tuesday	153
stranger	156	test	93	turn	12
straw	76	than	137	twice	53
street	28	thank	121	twin	108
stress	145	theater	12	type	157
stretch	137	therefore	125		

MEMO

필수 중학 영단어 1

어휘 TEST

교과서가
보이는
40일
완성

중1
핵심어휘

1000
단어

NE 능률

Name: _____ **Date:** _____ **Score:** _____

● 우리말은 영어로, 영어는 우리말로 빈칸을 완성하세요.

	단어	영어/우리말
1	favorite	
2	different	
3	math	
4	picture	
5	weekend	
6	thing	
7	lesson	
8	bring	
9	around	
10	clean	
11	early	
12	practice	
13	special	
14	배우다, 알게 되다	
15	마지막의, 지난	
16	애완동물	
17	방문, 찾아가기, 방문하다, 찾아가다	
18	보통, 대개	
19	아름다운	
20	위대한, 최고의	
21	강한, 힘센	
22	가져오다, 데려오다	
23	아픈	
24	또한, 역시	
25	정말, 진짜로	

Name: _____ **Date:** _____ **Score:** _____

● 우리말은 영어로, 영어는 우리말로 빈칸을 완성하세요.

	단어	영어/우리말
1	story	
2	library	
3	watch	
4	theater	
5	need	
6	head	
7	first	
8	hungry	
9	smart	
10	always	
11	question	
12	trip	
13	often	
14	아직, 여전히	
15	유용한, 쓸모 있는	
16	두 번째의, 둘째의, (시간 단위) 초, 순간	
17	각각의, 각자의, 각각, 각자	
18	맛있는, 맛 좋은	
19	만나다	
20	닫다, 덮다, 가까운	
21	차례, 순서, 돌다, 돌리다	
22	축구	
23	활동, 움직임	
24	연필	
25	~ 전에, ~ 앞에	

TEST DAY 03

Name: _____ **Date:** _____ **Score:** _____

● 우리말은 영어로, 영어는 우리말로 빈칸을 완성하세요.

	단어	영어/우리말
1	advice	
2	dinner	
3	England	
4	guitar	
5	science	
6	teach	
7	cute	
8	strange	
9	wonderful	
10	together	
11	everything	
12	glad	
13	speak	
14	씻다	
15	빛, 불, 불을 붙이다, 가벼운	
16	잘못된, 틀린	
17	늦은, 지각한, 늦게	
18	예쁜, 매우, 꽤	
19	~을 따라서, ~을 따라, ~을 끼고	
20	오후	
21	접시, 요리	
22	재미, 재미있는	
23	문제, 문제점	
24	학교	
25	운동, 운동하다	

Name: _____ **Date:** _____ **Score:** _____

● 우리말은 영어로, 영어는 우리말로 빈칸을 완성하세요.

	단어	영어/우리말
1	sweet	
2	popular	
3	famous	
4	wear	
5	lovely	
6	put	
7	chair	
8	angry	
9	birthday	
10	river	
11	animal	
12	parent	
13	violin	
14	휴대 전화, 휴대폰	
15	아이들, 어린이들	
16	잠깐, 순간	
17	박물관, 미술관	
18	간식, 간단한 식사	
19	거짓말, 거짓말하다	
20	가다, 다니다	
21	구하다, 모으다, 저축하다	
22	조심하는, 주의 깊은	
23	따뜻한, 따스한	
24	휴식, 휴양, 쉬다, 휴식하다	
25	대회, 경기	

Name: _____   **Date:** _____   **Score:** _____

● 우리말은 영어로, 영어는 우리말로 빈칸을 완성하세요.

	단어	영어/우리말
1	tomorrow	
2	upset	
3	funny	
4	restaurant	
5	chicken	
6	basketball	
7	ride	
8	think	
9	introduce	
10	expensive	
11	fast	
12	better	
13	live	
14	들어올리다, 올리다	
15	신이 난, 들뜬	
16	중요한	
17	(예상 밖으로) ~도[조차]	
18	잠, (잠을) 자다	
19	경주, 달리기	
20	코끼리	
21	옷, 의복	
22	(앞에 챙이 달린) 모자	
23	빵	
24	해변, 바닷가	
25	야구, 야구공	

Name: _____　　**Date:** _____　　**Score:** _____

● 우리말은 영어로, 영어는 우리말로 빈칸을 완성하세요.

	단어	영어/우리말
1	teacher	
2	history	
3	vacation	
4	partner	
5	face	
6	taste	
7	forget	
8	sure	
9	under	
10	happy	
11	busy	
12	believe	
13	street	
14	팔	
15	노래하다, 지저귀다	
16	무리, 집단	
17	식사, 끼니	
18	야영지, 캠프, 야영하다, 캠핑을 가다	
19	탁자, 식탁	
20	과일	
21	친절한, 상냥한, 종류, 유형	
22	삼촌, 고모부, 이모부	
23	보고서, 보고, 보고하다, 알리다	
24	(길이·거리가) 긴	
25	사이에, 중간에	

TEST　DAY 07

Name: _____　　**Date:** _____　　**Score:** _____

● 우리말은 영어로, 영어는 우리말로 빈칸을 완성하세요.

	단어	영어/우리말
1	straight	
2	traditional	
3	tired	
4	interesting	
5	leave	
6	fall	
7	worry	
8	person	
9	stick	
10	aunt	
11	class	
12	member	
13	travel	
14	요리하는 사람, 요리사, 요리하다	
15	쇼, 공연물, 프로그램, 보여주다	
16	쓰다, 사용[이용]하다	
17	(소리가) 큰, 시끄러운	
18	화창한	
19	(그 밖의) 다른, 다른 사람[것]	
20	(똑)같은, 동일한	
21	마침내, 마지막으로	
22	배낭	
23	모자	
24	점심 (식사)	
25	한 부분, 한 조각	

7

Name: _____ Date: _____ Score: _____

● 우리말은 영어로, 영어는 우리말로 빈칸을 완성하세요.

	단어	영어/우리말
1	however	
2	heavy	
3	both	
4	present	
5	winter	
6	grade	
7	drive	
8	country	
9	paper	
10	fly	
11	choose	
12	subject	
13	festival	
14	음료, 마실 것, 한 잔, (음료를) 마시다	
15	장소, 곳, 놓다, 설치하다	
16	많은, 다수의	
17	식물, 초목, (나무·씨앗 등을) 심다	
18	좋은, 건강한	
19	숙제, 과제	
20	(시간 단위의) 분, 잠깐, 순간	
21	가득한, 빈 공간이 없는, 배부르게 먹은	
22	축제	
23	~ 때문에, ~해서	
24	아침 식사	
25	야채, 채소	

TEST DAY 09

Name: _____   **Date:** _____   **Score:** _____

● 우리말은 영어로, 영어는 우리말로 빈칸을 완성하세요.

	단어	영어/우리말
1	almost	
2	ready	
3	mean	
4	hurt	
5	change	
6	tooth	
7	maybe	
8	sister	
9	movie	
10	remember	
11	smell	
12	anything	
13	fresh	
14	표, 입장권	
15	웃음, 웃음소리, (소리 내어) 웃다	
16	여름	
17	머물다, 계속 그대로 있다	
18	다리	
19	길을 잃은, 잃어버린	
20	수영, 수영하다	
21	한 번 더, 다시	
22	놀라운, 대단한	
23	꽤, 상당히	
24	모든 사람, 모두	
25	이미, 벌써	

Name: _____ **Date:** _____ **Score:** _____

● 우리말은 영어로, 영어는 우리말로 빈칸을 완성하세요.

	단어	영어/우리말
1	town	
2	smile	
3	wait	
4	borrow	
5	Saturday	
6	short	
7	enough	
8	dessert	
9	slowly	
10	stand	
11	secret	
12	window	
13	own	
14	소풍, 피크닉	
15	쓰레기, 쓰레기 같은 것	
16	경우, 사례, 용기, 상자	
17	잡고[들고] 있다	
18	붓, 솔, 솔질을 하다, 바르다	
19	시원한, 서늘한	
20	한 번	
21	스포츠, 운동, 경기	
22	시도, 노력하다, 애를 쓰다	
23	과학자	
24	싸움, 싸우다	
25	끔찍한, 소름 끼치는	

Name: _____ **Date:** _____ **Score:** _____

● 우리말은 영어로, 영어는 우리말로 빈칸을 완성하세요.

	단어	영어/우리말
1	something	
2	pass	
3	future	
4	outside	
5	weather	
6	invite	
7	hospital	
8	paint	
9	right	
10	surprise	
11	Chinese	
12	prize	
13	volunteer	
14	취미	
15	나중에, 후에	
16	웃기는, 코미디의	
17	먹이를 주다, 밥을 먹이다	
18	잎, 나뭇잎	
19	아무것도 (아니다, 없다)	
20	던지다, 내던지다	
21	언어, 말	
22	지나서, ~ 사이로, ~을 통해서	
23	들판, 밭	
24	외침, 고함 (소리), 소리 지르다	
25	땅바닥, 지면	

Name: _____ **Date:** _____ **Score:** _____

● 우리말은 영어로, 영어는 우리말로 빈칸을 완성하세요.

	단어	영어/우리말
1	village	
2	dirty	
3	sometimes	
4	dance	
5	today	
6	French	
7	happen	
8	glasses	
9	cousin	
10	difficult	
11	board	
12	balloon	
13	carry	
14	신문, 신문지	
15	자르다, 베다	
16	자전거	
17	지루한, 재미없는	
18	다음의, 그다음의	
19	사람들	
20	음악	
21	그 밖에 다른	
22	외로운, 쓸쓸한	
23	움직이다, 이사하다	
24	두 번, 두 배	
25	불안해하는, 초조한	

Name: _____　　　Date: _____　　　Score: _____

● 우리말은 영어로, 영어는 우리말로 빈칸을 완성하세요.

	단어	영어/우리말
1	exciting	
2	plane	
3	block	
4	listen	
5	musical	
6	hour	
7	classroom	
8	phone	
9	near	
10	painter	
11	station	
12	store	
13	middle	
14	추운, 차가운, 감기	
15	쓰다, 집필하다	
16	신, 신발 한 짝	
17	진짜의, 현실의	
18	플라스틱[비닐]으로 된, 플라스틱	
19	금요일	
20	비가 많이 오는	
21	수, 숫자, 번호	
22	클럽, 동호회	
23	값싼, 돈이 적게 드는	
24	표지판, 표시, 서명하다	
25	문화	

Name: _____　　**Date:** _____　　**Score:** _____

● 우리말은 영어로, 영어는 우리말로 빈칸을 완성하세요.

	단어	영어/우리말
1	dangerous	
2	writer	
3	pick	
4	small	
5	gold	
6	Japanese	
7	climb	
8	large	
9	classmate	
10	during	
11	nature	
12	welcome	
13	uniform	
14	도착하다	
15	의견, 요소, (손가락으로) 가리키다	
16	공원, 주차하다	
17	느끼다	
18	주, 일주일	
19	헬멧	
20	잘생긴, 멋진	
21	셔츠	
22	곰, 참다, 견디다	
23	건강	
24	놀라운, 놀랄	
25	(중요한) 사건, 행사	

Name: _____   **Date:** _____   **Score:** _____

● 우리말은 영어로, 영어는 우리말로 빈칸을 완성하세요.

	단어	영어/우리말
1	month	
2	wise	
3	about	
4	rabbit	
5	enjoy	
6	plan	
7	ask	
8	little	
9	must	
10	cartoon	
11	tip	
12	check	
13	umbrella	
14	생각, 발상, 아이디어	
15	은, 은색, 은색의, 은백색의	
16	선물, 재능	
17	그리다	
18	허락하다, ~하게 하다	
19	(아주 높은) 산, 산더미	
20	키가 큰, 높은	
21	떨어져, 다른 데로	
22	포스터, 대형 그림[사진]	
23	더 많은	
24	왼쪽의, 좌측의, 왼쪽	
25	~해도 좋다, ~일지도 모른다	

Name: _____ **Date:** _____ **Score:** _____

● 우리말은 영어로, 영어는 우리말로 빈칸을 완성하세요.

	단어	영어/우리말
1	agree	
2	friend	
3	never	
4	collect	
5	wind	
6	brother	
7	proud	
8	actor	
9	foreign	
10	line	
11	much	
12	building	
13	matter	
14	어디나, 모든 곳에서	
15	더운, 뜨거운, 매운	
16	(물)고기, 어류, 생선, 낚시하다	
17	간단한, 단순한	
18	기차	
19	드레스, 원피스, 옷을 입다[입히다]	
20	부유한, 돈 많은	
21	음식, 식량	
22	미술, 예술	
23	저녁, 야간, 밤	
24	조부모	
25	서점	

Name: _____ **Date:** _____ **Score:** _____

● 우리말은 영어로, 영어는 우리말로 빈칸을 완성하세요.

	단어	영어/우리말
1	soft	
2	pocket	
3	build	
4	leader	
5	design	
6	recycle	
7	talk	
8	cross	
9	deep	
10	traffic	
11	photo	
12	headache	
13	garden	
14	스테이크	
15	중앙, 중심지	
16	스웨터	
17	손, 도움, 건네주다, 넘겨주다	
18	말, 경마	
19	좋은 운, 행운	
20	~이 되다, ~해지다	
21	일요일	
22	슬픈, 애석한	
23	꿈, 꿈꾸다, 꿈을 꾸다	
24	곧, 머지않아	
25	바람이 많이 부는	

TEST DAY 18

Name: _____ **Date:** _____ **Score:** _____

● 우리말은 영어로, 영어는 우리말로 빈칸을 완성하세요.

	단어	영어/우리말
1	subway	
2	waste	
3	foreigner	
4	everyday	
5	tour	
6	send	
7	straw	
8	without	
9	bake	
10	potato	
11	tower	
12	enter	
13	behind	
14	자유로운, 무료의	
15	분홍색의, 분홍색, 핑크	
16	추가하다, 덧붙이다, 합하다	
17	~에[에서], (특정 기간 동안) ~에	
18	채우다, 채워지다	
19	가난한, 빈곤한, 잘 못하는, 실력 없는	
20	~ 위에, ~ 위로, (요일·날짜·때) ~에	
21	여왕, 왕비	
22	희망, 기대, 희망하다, 바라다	
23	다리	
24	하이킹, 도보 여행	
25	유행, 패션	

Name: _____   **Date:** _____   **Score:** _____

● 우리말은 영어로, 영어는 우리말로 빈칸을 완성하세요.

	단어	영어/우리말
1	forever	
2	unhappy	
3	set	
4	energy	
5	brown	
6	symbol	
7	sleepy	
8	follow	
9	bored	
10	artist	
11	cheer	
12	earth	
13	flower	
14	시험, 검사	
15	의학, 약	
16	보기, 표정, 바라보다, ~해 보이다	
17	모서리, 모퉁이, 구석	
18	커지다, 자라다, 기르다, 재배하다	
19	바닥, 층	
20	목이 마른, 갈증이 나는	
21	반지, 종소리, 울리다, 전화하다	
22	오직, 단지, 유일한, 단 하나의	
23	운이 좋은, 다행한	
24	광산, 나의 것	
25	빨리, 빠르게, 곧	

Name: _____　　Date: _____　　Score: _____

● 우리말은 영어로, 영어는 우리말로 빈칸을 완성하세요.

	단어	영어/우리말
1	office	
2	dark	
3	ago	
4	should	
5	performance	
6	anyway	
7	teenager	
8	dry	
9	weight	
10	drop	
11	less	
12	room	
13	land	
14	배, 보트	
15	연설, 담화	
16	행동, 행위	
17	은행	
18	11월	
19	가입하다, 함께하다	
20	자정, 한밤중	
21	노란색의, 노란, 노란색, 노랑	
22	맑은, 분명한, 치우다, 맑아지다	
23	목소리, 음성	
24	너머, 건너, ~ 위에, 가로질러	
25	(정중한 요청·제의에서) ~하시겠어요?	

Name: _____ **Date:** _____ **Score:** _____

● 우리말은 영어로, 영어는 우리말로 빈칸을 완성하세요.

	단어	영어/우리말
1	make	
2	kitchen	
3	map	
4	read	
5	morning	
6	circle	
7	January	
8	gray	
9	nest	
10	pleased	
11	pianist	
12	for	
13	review	
14	호수	
15	유리, 유리잔, 한 잔	
16	목, (옷의) 목 부분	
17	심장, 가슴, 마음	
18	먹다, 식사하다	
19	밤, 야간	
20	일반적인, 보통의, 장군	
21	(스포츠 팀의) 코치, 지도하다	
22	퀴즈, 간단한 시험	
23	~에서(부터), ~ 출신의	
24	밀다, 밀치다	
25	속도, 빨리 가다	

Name: _____   Date: _____   Score: _____

● 우리말은 영어로, 영어는 우리말로 빈칸을 완성하세요.

	단어	영어/우리말
1	palace	
2	buy	
3	racket	
4	curly	
5	magic	
6	someone	
7	outdoor	
8	spring	
9	score	
10	lose	
11	tell	
12	shop	
13	pilot	
14	집, 주택	
15	시험, 테스트, 시험하다, 검사하다	
16	동전, 주화, (새로운 말을) 만들다	
17	좋은, 멋진	
18	받다, 얻다, 구하다	
19	소금	
20	누구, 아무나	
21	세계, 세상	
22	어떤 사람, 어떤 것, 어느, 어떤	
23	치마	
24	예의 바른, 공손한	
25	규칙, 원칙, 지배, 통치하다	

Name: _____   **Date:** _____   **Score:** _____

● 우리말은 영어로, 영어는 우리말로 빈칸을 완성하세요.

	단어	영어/우리말
1	against	
2	wall	
3	machine	
4	sound	
5	football	
6	date	
7	protect	
8	inside	
9	pond	
10	smooth	
11	weekly	
12	ugly	
13	pay	
14	악단, (대중음악) 밴드	
15	숲, 산림	
16	조깅하다	
17	초록색의, 초록색	
18	코	
19	열쇠, 키, 가장 중요한, 핵심적인	
20	셋째의, 제3의	
21	나뭇가지, 지사, 분점	
22	편지, 글자, 문자	
23	가로질러, 건너편에	
24	목요일	
25	어린, 젊은, 덜 성숙한	

Name: _____ **Date:** _____ **Score:** _____

● 우리말은 영어로, 영어는 우리말로 빈칸을 완성하세요.

	단어	영어/우리말
1	moon	
2	promise	
3	camel	
4	boil	
5	reach	
6	garbage	
7	march	
8	some	
9	captain	
10	find	
11	clever	
12	note	
13	cloudy	
14	숨, 입김	
15	허리띠, 벨트	
16	계절, (1년 중의 특별한) 철, 시즌	
17	나비, (수영의) 접영	
18	마지막 부분, 끝, 끝내다, 마치다	
19	좋은, 즐거운, 다행스러운, 잘 하는	
20	할아버지	
21	완벽한, 완전한, 최적의	
22	시작, 출발, 시작하다, 시동을 걸다	
23	회의, 만남	
24	중앙의, 가장 중요한	
25	앉다, 앉아 있다	

Name: _____ Date: _____ Score: _____

● 우리말은 영어로, 영어는 우리말로 빈칸을 완성하세요.

	단어	영어/우리말
1	rain	
2	wide	
3	hometown	
4	jeans	
5	begin	
6	best	
7	mushroom	
8	Italian	
9	receive	
10	shoulder	
11	suddenly	
12	asleep	
13	possible	
14	고치다, 수리하다	
15	안전한, 위험하지 않은, 금고	
16	모양, 형태, 모양으로 만들다	
17	양말	
18	높은, 높이가 ~인, 높이, 높은 곳으로	
19	여자분, 숙녀	
20	섬	
21	재주, 재능	
22	치과 의사	
23	별, 스타	
24	병, 한 병	
25	파티, 단체	

Name: _____ Date: _____ Score: _____

● 우리말은 영어로, 영어는 우리말로 빈칸을 완성하세요.

	단어	영어/우리말
1	apartment	
2	most	
3	flat	
4	allowance	
5	forgive	
6	back	
7	tear	
8	black	
9	amusement park	
10	later	
11	wild	
12	skill	
13	button	
14	구멍, 구덩이	
15	눈이 먼, 맹인인	
16	빨간(색의), 붉은, 빨강, 빨간색	
17	돌봄, 주의, 관심을 가지다, 상관하다	
18	문제, 골칫거리	
19	공평한, 타당한	
20	판매, 할인 판매	
21	등, 허리, 뒤쪽, 뒤로, 과거로	
22	쌍둥이 (중의 한 명), 쌍둥이의	
23	8월	
24	별명	
25	젓가락 (한 짝)	

Name: _____   **Date:** _____   **Score:** _____

● 우리말은 영어로, 영어는 우리말로 빈칸을 완성하세요.

	단어	영어/우리말
1	dead	
2	will	
3	fail	
4	waist	
5	powerful	
6	body	
7	thick	
8	color	
9	bicycle	
10	avoid	
11	finger	
12	water	
13	burn	
14	시계	
15	담요	
16	문, 집	
17	소방서	
18	도시	
19	덮개, 커버, 표지, 덮다, 가리다	
20	달러, 1달러	
21	독일의, 독일인, 독일어	
22	재사용하다	
23	국왕의, 왕실의	
24	어떤, 어느	
25	아주 작은, 아주 적은	

Name: _____ **Date:** _____ **Score:** _____

● 우리말은 영어로, 영어는 우리말로 빈칸을 완성하세요.

	단어	영어/우리말
1	doctor	
2	understand	
3	bathroom	
4	easy	
5	someday	
6	student	
7	open	
8	hair	
9	break	
10	player	
11	family	
12	keep	
13	yesterday	
14	늙은, 나이 많은, 낡은, 오래된	
15	단어, 낱말, 한 마디 말, 노래 가사	
16	낮은, 바닥 가까이의	
17	멀리, ~(만큼) 떨어져	
18	바다, -해	
19	눈이 내리는, 눈 덮인	
20	죽이다, 목숨을 빼앗다	
21	원숭이	
22	게으른, 태만한	
23	월요일	
24	상자, 통	
25	농장, 농원, 농가	

TEST DAY 29

Name: _____ **Date:** _____ **Score:** _____

● 우리말은 영어로, 영어는 우리말로 빈칸을 완성하세요.

	단어	영어/우리말
1	snail	
2	playground	
3	heat	
4	thank	
5	rice	
6	sunshine	
7	record	
8	seem	
9	song	
10	police station	
11	until	
12	spicy	
13	diet	
14	강의, 과목, 강좌	
15	큰 배, 선박	
16	수영장	
17	수의사	
18	알약	
19	전자 우편, 전자 우편을 보내다	
20	~하는 동안[사이], 잠깐, 잠시	
21	우체국	
22	아들	
23	도움, 지원, 돕다, 거들다	
24	얇은, 가는, 마른	
25	서두름, 급함, 서두르다, 급히 가다	

29

Name: _____ Date: _____ Score: _____

● 우리말은 영어로, 영어는 우리말로 빈칸을 완성하세요.

	단어	영어/우리말
1	feeling	
2	anymore	
3	blood	
4	among	
5	shadow	
6	view	
7	miracle	
8	alarm	
9	down	
10	referee	
11	explain	
12	September	
13	copy	
14	그러므로, 그러니까	
15	행동, 행위, 연기하다, 행동을 취하다	
16	달리다, 뛰다	
17	초상화, 인물 사진	
18	사막	
19	가격, 물가	
20	(돈을) 쓰다, (시간을) 보내다	
21	수요일	
22	드라마, 연극	
23	번쩍임, 번쩍이다, 신호를 보내다	
24	불가사리	
25	(스포츠) 코트, 법원, 법정	

Name: _____ Date: _____ Score: _____

● 우리말은 영어로, 영어는 우리말로 빈칸을 완성하세요.

	단어	영어/우리말
1	fantastic	
2	daughter	
3	greet	
4	weigh	
5	nobody	
6	life	
7	result	
8	magazine	
9	thousand	
10	sugar	
11	everybody	
12	judge	
13	swimming	
14	어떤 사람, 누군가	
15	수를 세다, 계산하다	
16	고전적인, 클래식의	
17	농담, 우스개 소리, 농담하다	
18	암소, 젖소	
19	나 자신	
20	크기, 치수	
21	13, 열셋, 13의, 열셋의	
22	공간, 자리, 우주	
23	영웅, 남자 주인공	
24	이야기, 동화, 설화	
25	일몰, 해질녘, 저녁노을	

Name: _____ **Date:** _____ **Score:** _____

● 우리말은 영어로, 영어는 우리말로 빈칸을 완성하세요.

	단어	영어/우리말
1	rope	
2	candle	
3	chat	
4	hear	
5	guess	
6	tough	
7	desk	
8	wonder	
9	fourteen	
10	treat	
11	gym	
12	deeply	
13	work	
14	불다, 날리다	
15	여기에, 이리	
16	만지기, 손길, 만지다, 건드리다	
17	날개	
18	원하다, 바라다, ~하고 싶다	
19	회사	
20	밝은, 눈부신	
21	바위, 암석	
22	걷다, 걸어가다, 산책시키다	
23	일기, 수첩	
24	기침, 기침하다	
25	문, 정문, 출입구	

TEST DAY 33

Name: _____   Date: _____   Score: _____

● 우리말은 영어로, 영어는 우리말로 빈칸을 완성하세요.

	단어	영어/우리말
1	butter	
2	character	
3	noon	
4	lead	
5	shine	
6	seafood	
7	big	
8	repeat	
9	topic	
10	than	
11	play	
12	with	
13	stretch	
14	용감한, 용기 있는	
15	~처럼, ~ 같이, ~로서	
16	해결하다, 풀다	
17	유럽	
18	발	
19	나쁜, 불쾌한	
20	팔다, 팔리다	
21	싱크대, 개수대, 가라앉다, 침몰하다	
22	침실, 방	
23	섞다, 혼합하다	
24	반바지	
25	승리, 이기다, 획득하다	

33

Name: _____ Date: _____ Score: _____

● 우리말은 영어로, 영어는 우리말로 빈칸을 완성하세요.

	단어	영어/우리말
1	bath	
2	gesture	
3	princess	
4	narrow	
5	holiday	
6	end	
7	police officer	
8	Olympic	
9	neighbor	
10	air	
11	flood	
12	just	
13	humorous	
14	오늘 밤에	
15	어리석은, 멍청한	
16	동그란, 둥근	
17	(부정문·의문문에서) 아직	
18	(장편) 소설	
19	앞으로, 앞에, 미리	
20	꼭대기, 정상, 최고의, 정상의	
21	무지개	
22	출구, 비상구, 나가다, 떠나다	
23	불, 화재	
24	언덕, (나지막한) 산	
25	왕자	

Name: _____ Date: _____ Score: _____

● 우리말은 영어로, 영어는 우리말로 빈칸을 완성하세요.

	단어	영어/우리말
1	upstairs	
2	list	
3	address	
4	wish	
5	age	
6	fever	
7	basket	
8	prison	
9	blackboard	
10	please	
11	few	
12	missing	
13	carrot	
14	자주색의, 자주색	
15	잡다, 받다, (병에) 걸리다	
16	단단한, 어려운, 열심히	
17	점프, 뜀질, 점프하다, 뛰다	
18	기회, 가능성	
19	기이한, 신비한	
20	짐승, 야수	
21	성인, 어른	
22	가방, 봉투	
23	스트레스, 압박, 강조하다	
24	그릇, 한 그릇	
25	상, 수료, 상을 수여하다	

Name: _____ **Date:** _____ **Score:** _____

● 우리말은 영어로, 영어는 우리말로 빈칸을 완성하세요.

	단어	영어/우리말
1	day	
2	housework	
3	college	
4	level	
5	eye	
6	elderly	
7	mark	
8	flag	
9	strike	
10	knee	
11	wet	
12	when	
13	tie	
14	아픈, 병든	
15	수줍음을 많이 타는, 부끄러워하는	
16	생산물, 생산품, 생산하다	
17	많음, 다량	
18	복도, 현관, 홀, 장	
19	얼음, 얼음판	
20	맛이 쓴, 고통스러운	
21	입맞춤, 키스, 뽀뽀, 입을 맞추다	
22	장갑	
23	코미디, 희극	
24	알, 달걀	
25	공룡	

Name: _____   **Date:** _____   **Score:** _____

● 우리말은 영어로, 영어는 우리말로 빈칸을 완성하세요.

	단어	영어/우리말
1	sand	
2	money	
3	tourist	
4	drawer	
5	pop	
6	study	
7	know	
8	man	
9	Tuesday	
10	melt	
11	loaf	
12	muscle	
13	weak	
14	또 하나의, 하나 더, 다른, 또 하나	
15	꼬리, 미행하다	
16	돌, 돌멩이	
17	(사람들이) 붐비는	
18	지붕	
19	라디오	
20	무대	
21	자리, 좌석, 앉다, 앉히다	
22	어머니	
23	영화, 촬영하다, 찍다	
24	거울	
25	미스터리, 수수께끼, 신비	

Name: _____ **Date:** _____ **Score:** _____

● 우리말은 영어로, 영어는 우리말로 빈칸을 완성하세요.

	단어	영어/우리말
1	vote	
2	calendar	
3	serve	
4	sentence	
5	jungle	
6	search	
7	way	
8	type	
9	stranger	
10	cause	
11	woman	
12	worried	
13	contact	
14	비어 있는, 빈, 빈칸, 여백	
15	망치다, 못쓰게 하다	
16	걸다, 매달다	
17	선풍기, 부채, 부채질을 하다	
18	앞면, 앞쪽, 앞쪽의	
19	시장	
20	사회, 집단	
21	걸음, 걸음걸이, (발을) 디디다, 걷다	
22	부분, 일부, 약간	
23	일, 과제, 과업, 임무	
24	하이킹, 도보 여행	
25	접시, 한 접시	

Name: _____ **Date:** _____ **Score:** _____

● 우리말은 영어로, 영어는 우리말로 빈칸을 완성하세요.

	단어	영어/우리말
1	float	
2	various	
3	envelope	
4	firework	
5	worse	
6	fact	
7	telephone	
8	Mars	
9	frozen	
10	riddle	
11	snake	
12	toothpick	
13	example	
14	반, 절반	
15	위, 배	
16	용	
17	눈, 눈이 오다	
18	공장	
19	혀, 언어	
20	당기다, 끌다	
21	좋아하다, ~와 비슷한, ~처럼	
22	파도, 물결, (손·팔을) 흔들다	
23	슈퍼마켓	
24	~ 뒤에, ~ 후에, ~ 다음에	
25	(섞인 것 없이) 순수한, 깨끗한	

TEST DAY 40

Name: Date: Score:

● 우리말은 영어로, 영어는 우리말로 빈칸을 완성하세요.

	단어	영어/우리말
1	cry	
2	return	
3	bottom	
4	husband	
5	statue	
6	true	
7	actress	
8	ocean	
9	wag	
10	stomachache	
11	beat	
12	below	
13	tease	
14	~보다 위에[위로], 위에[위로]	
15	간호사	
16	독특한, 유일무이한	
17	사냥, 사냥하다	
18	턱	
19	무서운, 겁나는	
20	죽다, 사라지다	
21	선택, 선택권	
22	뼈	
23	일, 직장, 직업	
24	도로, 길	
25	밀가루	

교과서가
보이는

40일
완성

필수 중학
영단어 **1**

NE 능률